Wolfgang Hauke

2035 - Der Mensch schafft die Menschlichkeit ab

Eine berechtigte Warnung

WOLFGANG HAUKE

2035

der Mensch schafft die Menschlichkeit ab

Eine berechtigte Warnung

Bibliografische Informationen der Deutschen Nationalbibliothek: Die Deutsche Nationalbibliothek verzeichnet
diese Publikation in der Deutschen Nationalbibliografie;
detaillierte bibliografische Daten sind im Internet über
http://www.dnb.de abrufbar.

Herstellung und Verlag: BoD – Books on Demand,
Norderstedt

ISBN:

978-3-75689-828-2

Inhaltsangabe

Einleitung

Während sich der Mensch mit relativ ungreifbaren Problemen wie der Klimaerwärmung auseinandersetzt, verwandelt er die Erde in einer fortschrittlichen Weise in eine Agrarwüste, in eine Betonwüste und in ein Problemmülldepot. Dadurch ignoriert der Mensch die existenziellen Problemstellungen, für die er in einer eindeutigen Weise verantwortlich ist und täuscht sich darüber hinweg, dass er im Begriff ist, die Kultur in eine psychopathische Produktionsmaschine zu verwandeln.

Alle positivistischen Vorstellungen von einer sensationellen technischen Zukunft verdrängen daher in einer gefährlichen Weise die Tatsache, dass die gegenwärtige kapitalistische Standeskultur den Menschen und die Natur der Erde in einer fortschrittlichen Weise überlastet und degeneriert.

Für diese Entwicklung ist nicht nur die „Interessengemeinschaft" der heutigen Herrenmenschen verantwortlich. Die Konstitution der traditionellen Kulturbeziehungen hält sich mit einer unsichtbaren Gewalt der sado-masochistischen Art (Täter-Opfer-Beziehung) aufrecht und sorgt für eine ständige geistige und emotionale Vergiftung der Gesellschaft. Dadurch flüchten sich viele Menschen in eine kontraproduktive Passivität und Gleichgültigkeit und nehmen keinen Einfluss mehr auf das politische und soziale Kulturgeschehen.

Das Narrativ der 5000 Jahre alten Standeskultur

Wie wir heute wissen, organisieren sich das Universum und die Natur der Erde auf eine relative Weise. Damit ist die Standeskultur zwangsläufig ein übernatürliches Produkt des Menschen, da die Klasseneinteilungen nicht wie die sozialen Ordnungen der Tiere relativ, sondern absolutistisch konstituiert sind. Die Erfindung der Standeskultur hat daher dazu geführt, dass sich der Mensch durch eine übernatürliche Selbstorganisation von der Natur abgetrennt hat.

Da sich der Mensch nicht nur durch eine besondere Sozialnatur, sondern auch durch eine besondere Fähigkeit zur freiheitlichen Lebensgestaltung auszeichnet, wurde durch die Erfindung der Sklaverei eine absolutistische kulturelle Einteilung der Menschen in Stände, Kasten oder Klassen unabdingbar. Der dadurch entstehende „Herrenmensch" hat die Standeseinteilung der Gesellschaft vor allem durch eine militärische Streitmacht und durch eine beängstigende Religion abgesichert. Dadurch ist es ihm gelungen, die „einfachen" Menschen auf Dauer in ihren jeweiligen gesellschaftlichen Ständen gefangen zu halten.

Bis heute ist dem Menschen nicht hinreichend bewusst geworden, dass die Konstitution einer absolutistischen hierarchischen Standesgesellschaft die besondere soziale und freiheitliche Natur des Menschen erheblich verletzt. Seit etwa 5000 Jahren entwickelt der Mensch dadurch innerhalb seiner jeweiligen Standeskultur entsprechend verzerrte, destruktive Weltanschauungen und Verhaltensweisen. Die gegenwärtige Blüte einer destruktiven Kulturentwicklung ist daher der vorläufige Höhepunkt einer fortschrittlichen asozialen und widernatürlichen Fehlentwicklung der Standeskultur, die seit 5000 Jahren andauert.

Die heute für die Aufrechterhaltung der Standeskultur angewandten Mittel bestehen vor allem in einer kalten Politik, einer kalten Ökonomie und einer kalten Bürokratie, die den Menschen jeweils in einer „selbstverständlichen" Weise vereinnahmen und keine nachhaltige Empathie für irgendein Lebewesen der Erde generieren. Die Konstitution der heutigen Standeskultur ist daher weniger denn je mit der besonderen sozial-symbiotischen Natur des Menschen vereinbar, die sich im Lauf von ca. 500.000 Jahren durch einen natürlichen Evolutionsprozess entwickelt hat und die der Mensch nicht ohne Folgen einfach „verbessern" kann.

Durch die Industrielle Revolution und durch die Begründung einer kapitalistischen Ökonomie hat sich der Mensch innerhalb der modernen Standeskultur eine materielle Lebensversicherung erzeugt, die dem Kulturmenschen eine scheinbare Ersatzlösung für seine mangelhafte soziale Lebensversicherung ermöglicht. Es stellt sich heute jedoch immer deutlicher heraus, dass diese Ersatzversicherung den Menschen in eine Konsumsucht geführt hat, die langsam aber sicher die menschliche Natur und die Natur der Erde überfordert. Es ist daher wichtig, dass der Mensch diese Entwicklung auf die Erfindung der Sklaverei und der Standeskultur zurückführen kann, damit er sich auf eine wirksame Weise von seiner widernatürlichen Kulturorganisation befreien kann.

Der Kapitalismus und die soziale Degeneration

Die Standeskultur produziert seit 5000 Jahren „ganz normale" sadistische Herrenmenschen und masochistische Diener- und Sklavenmenschen. Durch die Industrielle Revolution hat die Standeskultur einen derartig starken Einfluss auf das globale Kulturgeschehen erreicht, dass heute wenige Konzerne, Finanzinstitutionen und Familien darüber entscheiden, wie die menschliche Zukunft aussehen soll. Dabei bleiben alle menschlichen und natürlichen Aspekte in einer gefährlichen Weise unterbelichtet, da der kapitalistische Herrenmensch seit der Jahrtausendwende jedes natürliche Maß aus den Augen verloren hat und in einer absolutistischen Weise nach immer mehr Profit und Macht strebt.

Bereits in der Industriellen Revolution des 19. Jahrhunderts hatte der sado-masochistische Beziehungs-Teufelskreis der kapitalistischen Standeskultur einen ersten unerträglichen, Höhepunkt erreicht. Seither entspringt nahezu alles, was der Mensch aus den natürlichen Stoffen der Erde formt, einem parasitären Machtstreben, das auf Kosten des „einfachen" Menschen und auf Kosten der Natur der Erde geht. Dadurch ist der traditionelle religiöse Auftrag „Macht euch die Erde Untertan"[1] für den Menschen zunehmend zu einer Existenzgefahr geworden.

1: Quelle: Bibel: (1. Mose 1,28)

Das widernatürliche Machtstreben des Menschen hatte unter anderem eine absolutistische Verherrlichung der Maschine zur Folge, da sie dem Herrenmenschen die Verwirklichung einer absolutistischen Macht über alles Leben auf der Erde in Aussicht stellt. Wie abwegig und biologisch unzurechnungsfähig die Vorstellung von einer zukünftigen automatisierten Kultur ist, wird vor allem durch das Gesetz der natürlichen Ökonomie deutlich. Dieses Naturgesetz sorgt dafür, dass alle Lebewesen stets nur das an Fähigkeiten aufrecht erhalten, was in einem regelmäßigen Gebrauch steht. Die unweigerliche Wirksamkeit dieses Gesetzes wird vor allem an einem gebrochenen Bein deutlich, das nach der Gipsabnahme einen deutlichen Muskelschwund aufweist.

Indem der Herrenmensch den einfachen Menschen für die Realisierung einer „perfekten" automatisierten, Maschinen-Kultur zu einem bloßen kulturellen Erfüllungsgehilfen und Befehlsempfänger reduziert, büßt die Masse der Menschen zwangsläufig einen großen Teil ihrer natürlichen Fähigkeiten ein. Dies betrifft auch die geistigen und emotionalen Fähigkeiten des Menschen. Je mehr daher der Prozess einer kulturellen Automation voranschreitet, desto mehr scheitert der Menschen an einer fortschrittlichen Abnahme seiner Fähigkeiten, die eigene Selbstorganisation in einer nachhaltigen Weise aufrecht zu erhalten.

Jedes Lebewesen braucht fortwährend natürliche Herausforderungen, damit seine Fähigkeiten erhalten bleiben, bzw. zunehmen. Daher ist die vom Kapitalismus über die Maßen verfolgte „Produktions-Effektivität", die vor allem durch eine eintönige Wiederholung von immer gleichen Arbeitsschritten (Fließbandarbeit) erreicht wird, ein zweischneidiges Schwert. Das Streben nach einer absolutistischen ökonomischen Effektivität birgt einen unsichtbaren langfristigen Preis, den vor allem die darin eingebunden Arbeiter durch die fortschrittliche Abnahme ihrer natürlichen Fähigkeiten zahlen. Stellt der Mensch daher die unweigerliche Wirkung des Gesetzes der natürlichen Ökonomie nicht in einer hinreichenden Weise in Rechnung, dann kann die effektive „Verbesserung" der kapitalistischen Produktionsprozesse dazu führen, dass der Mensch an dieser „Verbesserung" scheitert.

Auch das heutige kapitalistische „Konsumparadieses" hat einen verborgenen Preis, der immer weiter ansteigt, da die heutige Ansammlung von Luxusprodukten in den menschlichen Wohnungen notwendig zu einem Problemmüll von morgen werden. Der Mensch recycelt heute lediglich einen Teil seines Wohlstandmülls, so dass ein großer Teil des Abfalls einfach verbrannt wird. Die Folge ist eine entsprechende Luftverschmutzung, durch die vor allem ältere Menschen immer stärker gefährdet sind, eine Lungenerkrankung zu entwickeln.

Der Mensch befindet sich daher bereits heute durch die Verwirklichung eines kapitalistischen Konsumparadieses in einem Teufelskreis der Selbstvergiftung. Viele Menschen wollen darüber nicht nachdenken, da ihr Denken auf ein „Alles oder Nichts" geeicht ist. Dadurch bleiben sie unempfänglich für die Idee, dass die Reduzierung des heutigen Konsums um 50 % eine realistische Lösung für eine zukunftsfähige Selbstorganisation des Menschen sein kann. Es gibt heute sinnvolle, überflüssige und schädliche Produkte, wobei die überflüssigen und schädlichen Produkte mehr als 50 % des Welthandels ausmachen. Da es für den Einzelnen durchaus vorstellbar ist, dass er auf 50 % seiner Wohlstands-Produkte verzichtet, kann es auch nur der einfache Mensch sein, von dem die Initiative für ein neues ökonomisches Narrativ ausgeht. Eine Delegierung dieser notwendig gewordenen Aufgabe an den Herrenmenschen ist nicht möglich. Der kapitalistische Herrenmensch ist nicht nur nicht daran interessiert, das globale Produktionsniveau auf 50 % abzusenken, sondern er verfolgt durch seine obligatorisch gewordene Machtsucht ein immer mehr desselben Kapitalismus, komme, was da wolle.

Erst durch die Konfrontation dieser verzwickten kulturellen Situation wird deutlich, was die gegenwärtige kapitalistische Selbstorganisation für den Menschen tatsächlich bedeutet: ein überaus starkes mentales und praktisches Hindernis für die immer notwendiger werdende Verwirklichung einer zurechnungsfähigen biologischen Kulturorganisation.

Der ökonomische Neoliberalismus und der politische Feminismus

Aus der Sicht der „Interessen" der heutigen Herrenmenschen ist die „optimale" Standeskultur dann erreicht, wenn die Familien in ihren Wohnungen selbstbezogen und weitestgehend isoliert von anderen Familien leben. Die dafür angestrebte digitale Welt eines „Home-Shopping" und eines „Home-Office", für die eine zukünftige Überwachung durch eine „mitteilsame"

Medientechnik möglich ist, stellt die Vision einer „perfekten" Standeskultur dar. Durch die Einrichtung einer direkten Vernetzung des einfachen Menschen mit der staatlichen Exekutive und den Wirtschaftskonzernen (z.B. Amazon), kann in der „integrierten" Wohnung ein besonderes Familienuniversum entstehen, das in Bezug auf die zentralisierte Kulturautorität durch eine Beziehungsnorm von Allmacht und Ohnmacht geprägt ist.

Diese Agenda einer „schönen neuen digitalen Welt" hat vor allem durch die Corona-Politik der letzten Jahre eine erste kulturelle Stabilisierung erreicht. Die aggressive politische Isolierung des Menschen vom Menschen und die zunehmende Organisation der materiellen Selbstversorgung über das Internet hat in ideologischer und emotionaler Hinsicht eine spürbare kulturelle Wandlung erzeugt. Die dadurch erreichte „fortschrittliche" Anpassung der Menschen an die Agenda 2030 hat zu einer zunehmenden Fixierung der Menschen auf die materiellen Lebensaspekte und zu einer Vernachlässigung der menschlichen Seele und des menschlichen Geistes geführt. Dadurch ist der moderne Mensch relativ unbemerkt in die Gefahr geraten, zu einer seelenlosen Hülle zu werden, die kulturellen Befehlen und „Sachzwängen" bereitwillig nachkommt und das eigene Kulturverhalten für die Sicherung des materiellen Lebenserhalts auf eine unhinterfragte Weise „optimiert".

Auf diesem Weg droht sich die Zukunftsvorstellung des heutigen „Herrenmenschen" zu erfüllen, die bereits 1985 mit dem „Washington Consensus" durch die Wiederauflage des „liberalen" Kapitalismus aus dem 19. Jahrhundert zu einer neuen neoliberalen Religion geworden ist. Der liberale Kapitalismus des 19. Jahrhunderts, der die Kulturen der „1. Welt" nicht nur in starke soziale Verwerfungen geführt, sondern auch in den 1. und 2. Weltkrieg getrieben hat, wurde durch den Washington Consensus nach und nach wieder eingeführt. So ist es kein Wunder, dass das Prekariat in der Welt trotz eines immensen wirtschaftlichen Aufschwungs in den letzten 35 Jahren immer weiter zugenommen hat. Mit dem Washington Consensus hat eine äußerst gefährliche ökonomische und politische Entwicklung ihren Anfang genommen, durch die sich der Mensch heute wieder auf dem Weg zu einer kulturellen Krise befindet.

Der Washington Consensus hat einen neuen globalen Krieg von Reich gegen Arm eingeläutet, der von Warren Buffet, einem der reichsten Männer der Welt, 2005 durch das folgende Statement bestätigt wurde: „Es herrscht Klassenkrieg, richtig, aber es ist meine Klasse, die Klasse der Reichen, die Krieg führt, und wir gewinnen.[2] Heute können wir durch die kulturelle Entwicklung zum ersten Mal richtig ermessen, dass der Gewinn dieses Krieges durch die Reichen einen Verlust für alle Menschen bedeuten wird, einen Verlust der Freiheit und einen Verlust der Hoffnung des Menschen auf den Menschen.

David Rockefeller hat 1994 vor dem Wirtschafts-Ausschuss der Vereinten Nationen (UN Business Council) das folgende Statement abgegeben: "Wir stehen am Beginn eines weltweiten Umbruchs. Alles, was wir brauchen, ist die eine richtig große Krise und die Nationen werden die Neue Weltordnung akzeptieren."[3] Diese Krise wurde in den letzten 20 Jahren in einer aktiven Weise

---

2: Quelle: https://www.attac-kreis-coesfeld.de/?p=1053

durch eine neoliberale Agenda eingeläutet und erreicht gegenwärtig immer neue Höhepunkte, so dass wir angesichts der kulturellen Entwicklungen von einer wirksamen Kulturgestaltung der oberen 10.000 sprechen können, die die „Interessen" der Herrenmenschen langsam aber sicher durchsetzt. Diese Agenda, die auch in der Agenda 2030 zum Ausdruck kommt, beinhaltet das Ziel einer absolutistischen und zentralistischen Machtkonstitution in allen Kulturen der Welt.

Da man eine destruktive Kulturentwicklung wie alle Problemstellungen richtig einschätzen lernen muss, um sie aufheben zu können, ist die Frage durchaus wichtig, durch welche kulturellen Entwicklungen der „liberale" Konzern-Kapitalismus zu einem derartig wirksamen kulturellen Komplex werden konnte.

Der Neoliberalismus des „Washington Consensus" findet seine Wurzeln in der amerikanischen Wirtschaftsentwicklung im späten 19. Jahrhundert mit der Entstehung von amerikanischen Wirtschaftsmonopolen, deren Vertreter (Henry P. Morgan, John Rockefeller, etc.) von den Amerikanern aufgrund ihrer skrupellosen Machtpolitik „Robber Barons" genannt wurden. Nach der Zerschlagung des Ölkonzerns Standard Oil (Rockefeller) durch die Anwendung des amerikanischen Antitrust-Gesetzes (1905), haben sich mehrere Robber Barons an einen Tisch gesetzt und eine neue wirtschaftliche Agenda beschlossen, die 1913 zur Gründung einer privaten amerikanischen Notenbank (Federal Reserve), 1915 zur Gründung der AIC (American International Cooperation),

---

3: Quelle: https://www.c-span.org/video/?c4866574/user-clip-david-rockefeller-speech-1994-annual-ambassadors-dinner einem Investmentfonds der Mächtigen für globale Geschäftsangelegenheiten und 1921 zur Gründung des CFR (Council of Foreign Relationsships) geführt haben. Bis heute ist die CFR die mächtigste amerikanische Denkfabrik für die amerikanische Wirtschafts- und Außenpolitik geblieben, da ihre Mitgliederliste hohe amerikanische Staatsbeamte, Politiker, namhafte amerikanische Konzerne und Banken umfasst.

2005 kommt eine Spiegel-Film-Dokumentation mit dem Titel „The Corporation" zu der Feststellung, dass die amerikanischen Konzerne, die bis heute eine globale kapitalistische Vorbildfunktion haben, vor allem durch 2 richterliche Entscheidungen des obersten Gerichtshofes eine alles beeinflussende Macht in Amerika bzw. in der gesamten westlichen Kultur erreicht haben.

Nach dem amerikanischen Bürgerkrieg (1861-1865) wurde der 14. Zusatz zur amerikanischen Verfassung beschlossen, der allen Schwarzen und anderen Minderheiten unveräußerliche Persönlichkeitsrechte zugestand, um das Aufkommen von neuen sklavenähnlichen Beziehungen in Amerika zu unterbinden. Daraufhin haben die amerikanischen Unternehmer darauf bestanden, dass auch Firmenkonstrukten, wie etwa der GmbH oder der Aktiengesellschaft, die mehrere Gesellschafter vereinen, eine eigene „Persönlichkeit" mit kulturellen Rechten und Pflichten zugestanden wird, um eine bessere gesellschaftliche Verkehrsfähigkeit zu erreichen. Dieser Rechtsstatus wurde den Unternehmen schließlich nach langem Ringen durch den obersten Gerichtshof in Amerika zuerkannt. Durch diese richterliche Entscheidung konnten sich die amerikanischen Unternehmer von der bis dato vorherrschenden strengen staatlichen Regulierung in Amerika immer mehr befreien, so dass es in Amerika zu dem Phänomen einer Monopolisierung der Macht in vielen Wirtschaftsbereichen kam. Die dadurch entstehenden Wirtschaftsmogule wurden in Amerika als „Robber Barons" bezeichnet.

Die zweite verheerende Entscheidung des obersten Bundesgerichtshofs von Amerika betraf und betrifft die Patentierung von Lebewesen als Konzerneigentum in den 80er Jahren des 20. Jahrhunderts. Der Präzedenzfall dafür wurde mit dem Versuch geschaffen, künstlich erzeugte Mikroorganismen zu patentieren. Ein solches Patent wurde vom obersten Gerichtshof nach mehreren Berufungsverfahren erteilt. Dadurch setzte ein Run auf die Patentierung von tierischen und pflanzlichen Genen ein, so dass schließlich auch der Antrag für die Patentierung einer Maus genehmigt wurde. Diese grundsätzliche Veräußerung des Lebens an die Konzerne ist bis heute nur durch ein Verbot für die Patentierung von menschlichen Genen beschränkt geblieben.

Heute können wir feststellen, dass die Beschlüsse des Obersten Gerichtshofes von Amerika zu einem kulturellen Dammbruch für eine bodenlose Vereinnahmung des irdischen Lebens durch die Konzerne geführt haben.

Eine zentralistische Diktatur der Wenigen hat notwendig den Verlust der Freiheit der Vielen zur Folge, da eine diktatorische Machtkonstitution nicht anders „erfolgreich" umgesetzt werden kann. Der Preis dieser Diktatur ist für den Einzelnen notwendig immens, da er dadurch seine

Möglichkeiten zur Kreativität, zur Freiheit und zur Lebendigkeit in einer erheblichen Weise einbüßt und sein natürliches Lebensgeschenk eine „ganzheitliche" Pervertierung erfährt. Es ist daher wichtig, dass der Mensch die Ziele der Agenda 2030 als widernatürlich begreift und nicht als eine Lösung für die heutigen Kulturprobleme erachtet, da er dadurch zwangsläufig den Bock zum Gärtner macht.

Das folgende Video[4] macht deutlich, dass es nicht ausreicht, wenn sich der Mensch durch eine mediale Kritik an der Agenda der oberen 10.000 anregen lässt und darauf hofft, dass sich das Problem alleine durch ein entsprechendes Volksbewusstsein auflöst. Das Video ist von 2016 und verdeutlicht, dass das Wissen um die Hintergründe einer destruktiven neoliberalen Kulturentwicklung nichts nützt, solange die Wissenden nicht den Entschluss fassen, diese destruktive Entwicklung durch eine politische Einflussnahme zu verhindern. Ohne eine bewusste politische Haltung und ohne eine klare Absage an die „Interessen" der oberen 10.000, lässt sich die heutige degenerative und destruktive Kulturentwicklung nicht aufhalten bzw. auflösen.

Die gegenwärtigen überaus gefährlichen neoliberalen Kulturentwicklungen werden durch einen ebenfalls überaus brisant gewordenen politischen Feminismus verstärkt, der nach einer absolutistischen sozialen Deutungshoheit in der Kultur strebt. Seit der Jahrtausendwende kultiviert der politische Feminismus eine eigene Machtreligion, die für ihr Streben nach einer absolutistischen sozialen Kulturhoheit vor allem

---

4: https://www.youtube.com/watch?v=U46bbmFaq74

positivistische Ideen für eine kulturelle Veränderung aufgreift, um diese mit allen zur Verfügung stehenden ideologischen, emotionalen und politischen Mitteln durchzusetzen. Wir finden dabei einen Idealismus am Werk, der sich selbst verabsolutiert und dazu tendiert, Menschen mit anderen Überzeugungen als Gegner oder gar als Feinde zu erachten.

Durch die neoliberale und die feministische Agenda ist das Kulturleben in den vergangenen 20 Jahren politisch, wirtschaftlich und sozial zunehmend unerträglich und haltlos geworden und hat zu einer potenzierten widernatürlichen Kulturgestaltung geführt. Diese Kulturgestaltung tendiert heute zunehmend zu einer bodenlosen politischen, sozialen und ökonomischen Willkür, die sich weder an der Natur der Erde noch an der Wissenschaft orientiert. Es ist daher an der Zeit, dass der Mensch eine solche Kulturgestaltung nicht länger einfach nur hinnimmt.

Die Agenda 2030

Durch die überaus positivistische Agenda 2030 ist ein kultureller Widerspruch zwischen einer anvisierten Sozialutopie und einer bis heute verwirklichten neoliberalen Wirklichkeit entstanden. Dieser Widerspruch hat zu einer zunehmenden Kritik an der offiziellen politischen Agenda in vielen Völkern der Erde geführt. Die neoliberale Antwort auf diese Kulturkritik war eine konzertierte mediale Agenda der indirekten Nötigung, der emotionalen Erpressung und der sozialen Inquisition für ein allgemeines politisch „korrektes" Denken. Dadurch hat sich innerhalb der Kultur ein ideologischer, politischer und sozialer Druck aufgebaut, der immer dann von den Medien und der „Öffentlichkeit" in einer bodenlosen Weise verstärkt wird, sobald irgendein politischer Widerstand in den Bevölkerungen das Narrativ der „schönen neuen Agenda 2030 Welt" direkt oder indirekt angreift.

Durch die Unterstützung der Agenda 2030, haben die Medien ihre natürliche Aufgabenstellung innerhalb der Demokratien der „1. Welt" weitestgehend aufgegeben. Neben den 3 Machtsäulen der Legislative, der Judikative und der Exekutive, bilden die Medien in der Demokratie ein wichtiges politisches Korrektiv, indem sie die Politik auf eine kritische Weise ins Visier nehmen und den Interessen des Volkes eine Stimme geben. Die Medien dienen daher in einer gesunden Demokratie nicht den Regierenden, sondern den Regierten und bilden ein wichtiges Hindernis für etwaige diktatorische Entwicklungen. Diese demokratische Aufgabe der Medien wurde in den letzten 10 Jahren zunehmend aufgegeben und durch eine Agenda 2030 freundliche Medienagenda ersetzt.

Der Medienjargon, der sich dadurch in einer fortschrittlichen Weise eingebürgert hat, erinnert nicht von ungefähr an die Kampfmethoden der sozialistischen und kommunistischen Bewegungen im frühen 20. Jahrhundert. Ludwig Mises hat sich zu den traditionellen Kampfmethoden des Sozialismus, Marxismus und Kommunismus in seinem 1922 erschienen Buch „Gemeinwirtschaft, Untersuchungen über den

Sozialismus" [5] auf die folgende Weise geäußert: […]
„Die Wahrheit ist aber nur bei der proletarischen
Wissenschaft; es sind „die Gedanken der proletarischen
Logik nicht Parteigedanken, sondern Konsequenzen der
Logik schlechthin." So schützt sich der Marxismus gegen
alle unliebsame Kritik; der Gegner wird nicht widerlegt,
es genügt, ihn als Bourgeois [Verschwörungstheoretiker,
Nazi, Judenhasser, Covidiot. Anm. d. Verf.] zu entlarven."
[…]

„Ihre Polemik richtet sich nie gegen die Darlegungen,
immer gegen die Person des Gegners. Solcher
Kampfweise gegenüber haben die wenigsten
standgehalten. Nur wenige, sehr wenige haben sich
gefunden, die den Mut aufgebracht haben, dem
Sozialismus mit jener Kritik gegenüberzutreten, die
überall rücksichtslos anzuwenden Pflicht des
wissenschaftlich Denkenden ist."
[…] [Fußzeile Punkt 4] „Lenin hat einmal in einer
Verteidigungsrede erklärt: Einen politischen Gegner,
besonders wenn er unserem eigenen sozialistischen Lager
angehört, soll man mit vergifteten Waffen bekämpfen,
indem man den schlimmsten Verdacht gegen ihn zu
erwecken versucht". […]

Die Darlegungen von Ludwig Mises werfen ein
besonderes Licht auf die politischen, sozialen, medialen
und kulturellen Umgangsformen der letzten Jahre. Die bis
heute in einer regelrechten Weise zur Anwendung
kommenden sozialistischen Methoden der pauschalen
Verurteilung der Person, haben die Kritiker und Gegner

---

5. Quelle: Gemeinwirtschaft Untersuchungen zum Sozialismus, Ludwig
Mises, Verlag von Gustav Fischer, Jena, 1922, Internet-Adresse:
http://docs.mises.de/Mises/Mises_Gemeinwirtschaft.pdf   Seite 5

der Agenda 2030 und alle, die mit der neoliberalen Entwicklung der Kultur in den letzten 20 Jahren nicht einverstanden waren, „erfolgreich" zum Schweigen gebracht.

Die bodenlose, übernatürliche Gewaltanwendung, die der „Herrenmensch" in den letzten 5000 Jahren immer weiter verfeinert hat, wurde durch die Erfindung der modernen Medien erheblich potenziert. Dadurch konzentriert sich die neoliberale Herrschaftsagenda heute vor allem auf eine ideologische Medienpolitik, die psychologisch gut durchdacht ist und die durch die gezielte Erzeugung einer „öffentlichen Meinung" eine indirekte Herrschaft der „Sachzwänge" vollzieht.

Dadurch haben sich die Medien in den letzten Jahren in eine regelrechte Medien-Maschine verwandelt, die den Menschen immerzu ideologische Flöhe ins Ohr setzt, um auf eine moderne Weise dafür zu sorgen, dass die Standeskultur auf jeden Fall aufrechterhalten bleibt. Die Medien sind daher heute nicht nur die 4. Gewalt in der Kultur, sondern die zentrale Kulturgewalt geworden, durch die der Herrenmensch einen bodenlosen ideologischen Krieg gegen den einfachen Menschen führt. Dieser Medienkrieg stellt nicht nur die kulturelle Deutungshoheit der Herrenmenschen sicher, sondern verändert durch ein gezieltes „Social Engineering" auch das Denken und Handeln der Kulturmenschen in einer gezielten Weise.

Bis heute hat sich dadurch kein merklicher ideologischer oder emotionaler Widerstand in den einfachen Menschen gegen die Tatsache entwickelt, dass der größte Teil der globalen Macht und des globalen Vermögens in den Händen von wenigen Herrenmenschen liegt. Wir können daher von einem durch die Medien sanktionierten und immunisierten „Robber-Baron-Kultursyndrom" sprechen, das sich bereits im frühen 20. Jahrhundert in Amerika entwickelt hat und das sich in den letzten 35 Jahren durch die Umsetzung einer neoliberalen Agenda auf die ganze Welt ausgedehnt hat.

Der Mensch hat daher heute vor allem ein Problem mit einem macht- und profitsüchtig gewordenen Herrenmenschen, der alles dafür tut, um einen „Endsieg" der traditionellen Standeskultur durch eine „schöne neue Weltordnung à la 1984" zu erreichen. Die dafür anvisierte dystopische Mischung einer „Schönen neuen Welt" von Aldous Huxley und einem „1984" von George Orwell hat sich bereits zum Teil verwirklicht.
Die neoliberale Agenda hat die globale Kulturwelt in den letzten 10 Jahren erheblich verändert. Dabei hat sie das ideologische Kunststück vollbracht, die Kosten und die Verantwortung für eine fortschreitende globale Machtkonzentration auf den einfachen Menschen abzuwälzen. Dadurch hat sich eine globale neoliberale Handlungsnorm durchgesetzt, die sich durch das ideologische Motto „ursächlich, aber nicht verantwortlich" vollzieht.

Diese neue neoliberale Politik hat sich nicht nur in der Datenschutzpolitik der letzten Jahre erfolgreich durchgesetzt und den Menschen immer mehr in eine „Data Resource" verwandelt, sondern ist auch in der Corona-Politik der letzten Jahre zu einer Umsetzung gekommen. Das jeweilige Ergebnis dieser neoliberalen Rezeptur ist eine fortschrittliche direkte oder indirekte Vereinnahmung des einfachen Menschen durch die gegenwärtige Standeskultur bzw. durch die heutigen Herrenmenschen.

Die kulturelle Entwicklung wird für den Menschen dadurch zunehmend lebensgefährlich, da sich der bis heute obligatorisch gewordene respektlose Umgang des Menschen mit den Tieren in der industriellen Massentierhaltung, langsam aber sich auf eine entsprechende neoliberale Massenmenschenhaltung überträgt. Die größte Gefahr, die dem Menschen darüber in jüngster Zeit entstanden ist, ist eine ideologische und juristische Beweislastumkehr in der Kultur, die in der Lage ist, die gesamte Kulturrealität auf eine brisante Weise zu verändern.

Sobald die grundlegende demokratische Rechtsnorm, dass der Ankläger dem Angeklagten eine Schuld nachweisen muss, in ihr Gegenteil verkehrt wird, entsteht eine inquisitorische Rechtsprechung, durch die der Angeklagte dem Ankläger seine Unschuld beweisen muss. Eine solche ideologische und juristische Modifikation bedeutet notwendig eine grenzenlose Herrschaft des „Herrenmenschen", da eine „liberale" Anschuldigung (Hexer, Nazi, Judenhasser, Klimaleugner, Covidiot etc.) jederzeit durch neue bodenlose Anschuldigungen ersetzt oder ergänzt werden kann. Die ideologische oder juristische Beweislastumkehr führt die Beschuldigten daher über kurz oder lang in eine psychische Zermürbung, die in der Regel mit einer „bedingungslosen" Kapitulation der Beschuldigten endet.

Das gilt nicht nur für die Frage der moralischen oder juristischen Schuld, sondern auch für die Frage der Gesundheit. Wer seine Gesundheit unter Beweis stellen muss, weil man den pauschalen Verdacht gegen ihn hegt, eine potenzielle öffentliche Gefahr zu sein, der wird sehr leicht zu einem Spielball einer bodenlosen Herrschaftsmacht. Eine derartige Macht hat sich nicht nur durch die Corona-Politik der letzten Jahre innerhalb der Standeskultur konstituiert, sondern ist bereits in der Psychiatrie im 19. Jahrhundert akut geworden. Die Patienten mussten damals erst ihre geistige Gesundheit unter Beweis stellen, um aus der Psychiatrie wieder entlassen zu werden. Die Politik der „liberalen" Beweislastumkehr birgt daher grundsätzliche, überaus gefährliche Entwicklungspotenzen in sich.

Akzeptiert ein verdächtigter Kulturmensch die „liberale" Beweislastumkehr, dann setzt er notwendig für sich selbst die demokratische Unschuldsvermutung und die Habeas Corpus Akte[6] außer Kraft, so dass er zu einem vollkommen ohnmächtigen Menschen wird. Wie in den Büchern von Franz Kafka einprägsam beschrieben, entsteht durch eine kulturelle Beweislastumkehr für die Betroffenen mitunter die alptraumhafte Erfahrung eines bedingungslosen Ausgeliefert-Seins. Es ist daher wichtig, dass der „einfache" Mensch die Gefahren der gegenwärtigen Kulturpolitik einzuschätzen weiß, die auf zahlreiche ideologische, ökonomische, politische und juristische Instrumente zugreifen kann.

6: Erklärung: https://de.wikipedia.org/wiki/Habeas_Corpus

Die Partei der GRÜNEN als ein Brennpunkt des ökonomischen Neoliberalismus und des politischen Feminismus

Keine Partei repräsentiert die heutige ideologische und emotionale Spaltung des Menschen so sehr, wie die Partei der GRÜNEN. Die Partei ist aus der 68er-Revolution hervorgegangen, die in vieler Hinsicht allergische und extremistische Tendenzen sowohl der ideologischen als auch der praktischen Art entwickelt hatte. Das Kernziel der Partei der GRÜNEN war zu Beginn eine biologische Politik, sowohl in Bezug auf die menschliche Sozialnatur als auch in Bezug auf die Natur der Erde.

Durch eine Integration des neoliberalen Gedankenguts um die Jahrtausendwende ist es zu einer widersprüchlichen politischen Entwicklung innerhalb der Partei der GRÜNEN gekommen. Dies hatte einen krankhaften ideologischen Spagat innerhalb der Politik der GRÜNEN zur Folge, den die Partei bis heute nicht aufgelöst, sondern immer weiter beibehalten und kultiviert hat. Dieser Spagat besteht vor allem darin, dass die relativ ungreifbaren kulturellen Problemstellungen von heute, wie z. B. das Klimaproblem herausgegriffen und ins Zentrum der Aufmerksamkeit und des politischen Kalküls gestellt werden. Gleichzeitig werden die zahlreichen anderen heutigen Überlastungen der Natur, die durch den neoliberalen Kapitalismus verursacht werden, nur jeweils oberflächlich angesprochen und fristen daher ein relativ beschattetes Dasein innerhalb der Politik der GRÜNEN.

Dadurch ist nach und nach eine positivistische politische Religion innerhalb der Partei der GRÜNEN entstanden, die an den Ursachen der heutigen Probleme des Menschen gezielt vorbeigeht. Diese politische Religion wurde mit der Zeit auch von den anderen politischen Parteien aufgegriffen und nach und nach umgesetzt. Bis heute hat sich dadurch unter anderem der positivistische Glaube innerhalb der „1. Welt" verfestigt, man könne die Überlastung der Natur der Erde durch den Menschen vor allem durch eine CO_2 Steuer reduzieren. Eine einfache Betrachtung der gegenwärtigen kulturellen und ökologischen Gemengelage zeigt jedoch, dass die CO_2 Steuer die derzeitige kulturbedingte Umweltüberlastung weiter potenzieren wird. Die CO_2 Steuer führt nicht nur zu einer Erhöhung des Spritpreises, sondern auch zu einer Erhöhung der allgemeinen Lebenshaltungskosten. Die Folge davon ist unter anderem, dass sich immer weniger Menschen eine biologisch erzeugte Nahrung leisten können, so dass die Nachfrage nach den Massenprodukten der industriellen Landwirtschaft in naher Zukunft steigen wird.

Dies hat zwangsläufig zur Folge, dass sich die neoliberalen Agrarwüsten und Betonwüsten zunehmend ausweiten und die Natur der Erde immer mehr belasten und einschränken. Es ist bereits seit langem bekannt, dass innerhalb von nur 7 Jahren eine biologische Renaturierung der globalen Ackerböden möglich ist, so dass wieder natürliche Humusböden entstehen, die ca. 19 Milliarden Tonnen CO_2 in der Erde binden können. Daher erweist sich die CO_2 Steuer für die Natur der Erde insgesamt als kontraproduktiv, da die Agrarindustrie grundsätzlich alle Kosten so weit wie nur möglich reduziert. Eine aufwändige Renaturierung der Ackerböden ist dadurch in naher Zukunft so gut wie ausgeschlossen.

Die Erhöhung der CO_2 Steuer wird letztlich vollständig auf den Verbraucher abgewälzt, so dass sie allenfalls einer neoliberalen Staatsorganisation und einer neoliberalen Wirtschaft durch einen entsprechenden Macht- und Profitzuwachs zugutekommt. Da die Maßnahmen, die zu einer realen Entlastung der menschlichen und der irdischen Natur führen könnten, durch die gegenwärtige Konzentration des Menschen auf die ungreifbaren biologischen Probleme nicht aufgegriffen und umgesetzt werden, spielt der Mensch heute mit sich selbst ein gefährliches Spiel. Letztlich kann nur die gezielte Einschränkung der globalen Luxuswirtschaft und die Umsetzung einer biologischen Landwirtschaft und Konsumwirtschaft die Überlastung der Erde und die Überlastung des heutigen Kulturmenschen auf eine wirksame Weise reduzieren.

Die gegenwärtige Faktenlage macht deutlich, wie widersprüchlich und destruktiv die Politik der GRÜNEN durch ihren Verrat an den eigenen ideologischen und politischen Wurzeln geworden ist. Dieser Verrat wird so lange bestehen bleiben, wie die GRÜNEN das neoliberale Narrativ („der Markt bestimmt die Gesellschaft") und das feministische Narrativ („jetzt sind wir einmal am Drücker") sanktionieren und eine entsprechende Gestaltung der Gesellschaft fördern.

Das Vergessen der Geschichte

Die neue politische Konstellation einer Ampelkoalition von Grünen, SPD und FDP stellt in vieler Hinsicht den „Worst Case" für die Deutschen dar, da sie eine fortschrittliche Potenzierung einer neoliberalen und feministischen Politik bedeutet. Da die neue Ampelkoalition auf eine politische Rückendeckung durch den größeren Teil des deutschen Volkes bauen kann, kommt die sich abzeichnende politische Programmatik einer generellen Immunisierung sowohl des Neoliberalismus als auch des Feminismus gleich. Diese Verfestigung einer letztlich willkürlichen politischen und ökonomischen Religion kann nicht nur für die Deutschen überaus gefährlich werden.

Deutschland ist durch die Kanzlerschaft von Gerhard Schröder und durch die Kanzlerschaft von Angela Merkel in den letzten 20 Jahren zu einem Land geworden, das seine Bürger zunehmend der neoliberalen und der feministischen Agenda ausgeliefert hat. Dadurch wurden die kulturellen Weichen immer deutlicher in Richtung Diktatur gestellt, so dass durch den Corona-Virus eine zunehmend „selbstverständlich" werdende Gesundheitsdiktatur in Deutschland verwirklicht werden konnte.

Die Bereitwilligkeit, mit welcher die meisten Deutschen diese Diktatur akzeptiert haben, zeugt von einer brisanten deutschen Vergesslichkeit und einem entsprechend gefährlichen Leichtsinn. Viele Deutsche sind sich heute der Tatsache nicht bewusst, dass Konrad Adenauer zahlreiche Nazifunktionäre wieder in den gehobenen Staatsdienst integriert hat und die politischen Parteien ab 1955 viele ehemalige NSDAP Mitglieder ungeprüft aufgenommen haben.[7] Dieses stille Vergessen der jüngsten deutschen Geschichte hat nicht nur dazu beigetragen, dass sich in Deutschland eine Studentenrevolution und eine besondere 68er-Bewegung entwickelt hat, sondern hat auch ein absolutistisches deutsches Machtstreben der besonderen Art im kulturellen Untergrund aufrechterhalten. Dieses eigensinnige Machtstreben konnte mit der Übernahme der neoliberalen Wirtschaftsreligion zur Jahrtausendwende wieder aufblühen, so dass sich in Deutschland eine neue Art der ökonomischen, sozialen und medialen Diktatur entwickelt hat.

Für das besondere Machtstreben der Deutschen, das bereits mit der Machtübernahme Wilhelms II. in Deutschland akut wurde, spielt es keine Rolle, ob es durch eine direkte persönliche Diktatur oder durch eine indirekte sozialistische Parteiendiktatur verwirklicht wird. Ein absolutistisches Machtstreben agiert stets bodenlos und grenzenlos und kann sich sowohl durch einen

---

7: Quellen:

    1. https://www.deutschlandfunk.de/neubeginn-mit-altem-personal-100.html

    2. https://www.sueddeutsche.de/politik/altnazis-im-bund-der-vertriebenen-leute-die-von-frueher-was-verstehen-1.1529956

    3. Eine Bestätigung für die Aufnahme vieler Nazifunktionäre in den Staatsdienst und der daraus erfolgenden Reaktion der deutschen Studenten bzw. der 68er-Bewegung finden Sie in dem folgenden Artikel: (Artikel Seite 5 Unten und Seite 6 Fusstexte 22 und 23) http://www.bpb.de/system/files/pdf/PLSN6J.pdf

    4. https://de.wikipedia.org/wiki/Liste_ehemaliger_NSDAP-Mitglieder,_die_nach_Mai_1945_politisch_t%C3%A4tig_waren

chauvinistischen Faschismus als auch durch einen feministischen Sozialismus erfüllen. Am Ende bleibt das Ergebnis jeweils das Gleiche: ein innerkultureller Prozess der Selbstzersetzung, der alles Menschliche innerhalb der Kultur „verbraucht", um bis zum letzten Atemzug an dem Ziel einer absolutistischen Macht über das greifbare Leben festzuhalten.

Es ist daher für den heutigen Menschen sinnvoll, sich vor Augen zu halten, dass sich der geschichtliche Faschismus und der geschichtliche Kommunismus bzw. Sozialismus lediglich dadurch unterscheiden, dass der Faschismus der römischen Art jeweils andere Völker rücksichtslos ausbeutet und versklavt und der kommunistische Sozialismus jeweils das eigene Volk rücksichtslos ausbeutet und versklavt.

Notwendig hilft es daher auch nichts, wenn sich die heutigen Deutschen für die deutsche Vergangenheit verurteilen und entsprechende Schuldgefühle kultivieren. Dadurch macht sich der Deutsche auf eine kontraproduktive Weise zum Sündenbock für ein absolutistisches deutsches Machtstreben, das seit 1871 stets von den deutschen „Herrenmenschen" ausgegangen ist. Die Herrenmenschen selbst waren und sind stets weit davon entfernt, irgendetwas zu bereuen, da ihr unbedingtes Streben nach absoluter Macht seit 5000 Jahren durch das Narrativ der Standeskultur ideologisch sanktioniert und immunisiert ist. Derjenige, der sich daher für die Vergangenheit der Deutschen auf eine masochistische Weise geißelt und gleichzeitig ein absolutistisches Machtstreben der heutigen Herrenmenschen akzeptiert, kultiviert in sich zwangsläufig einen brisanten Widerspruch. Der Schwur eines „nie wieder" reicht für die Deutschen daher nicht aus, um sich vor schwerwiegenden kulturellen Fehlentwicklungen zu bewahren, solange der Einzelne den Zielsetzungen der Herrenmenschen auf eine leichtsinnige Weise seinen Segen gibt.

„Wer aus der Geschichte nichts lernt, der ist dazu verdammt, sie zu wiederholen". Diese aus der Kulturgeschichte resultierende Weisheit gilt für die heutigen Deutschen in einer besonderen Weise.
Die Geschichte der Deutschen und der Europäer ist durch 3 folgenreiche dreißigjährige Religionskriege geprägt. Die Tendenz, überaus extremistische ideologische Konflikte zu entwickeln, wurde bereits von Karl dem Großen begründet, der das römische Erbe einer absolutistischen Standeskultur angetreten und eine Zwangskatholisierung im Großreich der Karolinger angeordnet hat. Der darauf folgende annähernd 30 Jahre dauernde Religionskrieg von 772 bis 804 n. Chr. wurde vor allem gegen die Sachsen geführt, die sich vehement gegen die Zwangs-katholisierung gewehrt haben. Dadurch war eine unheilvolle religiöse Entwicklung in Europa vorprogrammiert.

Die mitunter überaus dekadente und von einem absolutistischen Machtstreben gekennzeichnete Entwicklung der Katholischen Kirche hat mit der Zeit jedes natürliche Verhaltensmaß hinter sich gelassen. Dadurch ist eine Inquisition, ein regelrechter Ämterhandel und eine Ökonomie der Ablassbriefe entstanden, die im 15. Jahrhundert in Europa zu mehreren religiösen und ideologischen Gegenbewegungen geführt haben. Die

Folge war eine protestantische Reformation, aus der sich ein zweiter dreißigjähriger Religionskrieg von 1618 bis 1648 n. Chr. entwickelt hat. Dieser Krieg war so verheerend für die Deutschen, dass sie eine lange Zeit gebraucht haben, um sich davon wieder zu erholen.

Die Preußen konnten nach dem Dreißigjährigen Krieg die Stadt Berlin, deren Einwohnerzahl von 17000 auf 9000 Menschen reduziert worden war, durch eine Willkommenspolitik für jüdische Kaufmannsfamilien, Protestanten und Hugenotten (Calvinisten) bald wieder füllen. Das Ergebnis war eine relativ zügige Erholung der Preußen vom Dreißigjährigen Krieg und der Beginn einer neuen Kulturentwicklung, die durch eine regelrechte calvinistische Erziehung der preußischen Könige geprägt war. Die calvinistischen Tugenden der Pflichttreue, der strengen Selbstdisziplin, der Sparsamkeit und der absoluten Autoritätshörigkeit haben stark dazu beigetragen, dass Preußen in der Folgezeit zu einer neuen militärischen Großmacht innerhalb Europas wurde. Durch die Begründung des Deutschen Reiches von 1871, mit Preußen an der Spitze, haben sich die allseits bewunderten preußischen Tugenden auf das Weltbild aller Deutschen übertragen. Auf dieser ideologischen Basis haben die Deutschen im Zuge der deutschen Industrialisierung die absolutistischen Ideologien eines Sozialdarwinismus, eines auf Eroberung ausgerichteten Militarismus, eines bodenlosen „liberalen" Kapitalismus und später auch eines gewaltsamen Kolonialismus entwickelt, so dass daraus eine besondere deutsche Mentalität entstanden ist. Diese Mentalität hat in Deutschland zunehmend das ideologische Erbe eines absolutistischen religiösen Machtstrebens angetreten und hat eine entsprechend intensive deutsche Betriebsamkeit ausgelöst. Dadurch ist der Deutsche schließlich in einen dritten ideologisch bedingten Dreißigjährigen Krieg von 1914 bis 1945 geraten, der abermals mit einer Verheerung des deutschen Gebietes und des deutschen Weltbildes endete.

Seit der Jahrtausendwende befinden sich alle Menschen der Welt in einem neuen Dreißigjährigen Krieg durch die Verwirklichung einer amerikanischen neoliberalen Wirtschaftsreligion, die wir als eine Neuauflage eines „liberal-parasitären" Kapitalismus des 19. Jahrhunderts erachten können. Dieser Krieg von Reich gegen Arm verwendet alle Errungenschaften der Industriellen Revolution mit einer steigenden Effektivität, um den einfachen Menschen in eine bedingungslose Kapitulation gegenüber den wenigen Reichen und Mächtigen der Welt zu treiben. Es hat sich daher seit 772 n. Chr. an dem germanischen „Schicksal" der westlichen Welt nichts Wesentliches geändert, da der einfache Mensch bis heute nicht die wesentlichen Motive und Ursachen seiner geschichtlichen Entwicklung erkannt und verstanden hat.

Die Christen tragen noch heute das generative Erbe einer bodenlosen Angst vor einer willkürlichen religiösen und weltlichen Rechtsprechung in sich. Die inquisitorische Rechtsprechung mit ihrer destruktiven Beweislastumkehr hat eine derartig perverse Herrschaftsmacht erzeugt, dass für die einfachen Menschen des Mittelalters und der Renaissance eine traumatische Verunsicherung entstanden ist. Das potenzielle vollständige Ausgeliefert sein an eine Inquisition ist zu einer apokalyptischen Erfahrung für die christliche Seele geworden, die noch heute nachwirkt und derartig tiefgreifende Ängste in den generativen Erben hervorrufen kann, dass die Betroffenen alle Schuldbezichtigungen durch eine reflexhafte Reaktion so weit wie nur möglich von sich weisen.

Die Gefahren der EU für den heutigen Europäer

Die EU ist seit 2004 durch eine ständige Zunahme der bürokratischen Regulierungen zu einem neoliberalen Superstaat geworden, so dass den Europäern ein Gefängnis mit vielen unsichtbaren Gitterstäben entstanden ist. Dieses Kulturgefängnis hat sich seit 2015 in einer brisanten Weise normalisiert und ist durch die absolutistische „Corona-Politik" zu einem vorübergehenden Hochsicherheits-Gefängnis geworden.

Seit 2015 gibt es in Deutschland ein Gesetz, dass derjenige, der einem anderen Menschen eine Meldeadresse zur Verfügung stellt, ohne dass der Gemeldete dort tatsächlich wohnt, mit einer Geldstrafe von bis zu 50.000 Euro belegt werden kann. Während man daher die europäischen Länder für eine multikulturelle Gesellschaftswelt geöffnet hat, wurden die Europäer zunehmend unter eine absolutistische Greifbarkeit und Kontrolle gestellt, da der Einzelne heute eine Meldeadresse braucht, um eine Arbeit zu finden, ein Konto zu eröffnen und um ganz allgemein am Kulturleben teilnehmen zu können.

Wer sich heute mit der Auswanderung in ein anderes europäisches Land beschäftigt, der stellt fest, dass die europäische Bürokratie seit 2004 auf diesem Gebiet eine sozialistische Agenda umgesetzt hat, welche die europäischen Völker durch eine absolutistische Regulierung voneinander trennt. Wenn sich heute ein Europäer in einem anderen europäischen Land niederlassen möchte, dann erhält er nur eine vorläufige Aufenthaltsgenehmigung. Eine Einwanderung hängt heute davon ab, dass der Einzelne durch einen aussagekräftigen Kontoauszug, durch ein Immobilieneigentum, durch eine Arbeitsstellen-Bestätigung oder durch einen Rentenbescheid einen Nachweis dafür erbringen kann, dass er nicht zu einem sozialen Problemfall für das auserwählte Land wird. Vor allem selbständig agierende Kleinunternehmer und Freiberufler haben daher Schwierigkeiten, sich ohne eine feste Arbeitsstelle und ohne einen Rentenbescheid in anderen Ländern eine neue Existenz aufzubauen. Die Möglichkeiten, die viel beschworene europäische Freizügigkeit zu nutzen, sind daher heute im Sinn der neoliberalen Agenda stärker eingeschränkt als vor der Jahrtausendwende.

Dies hat unter anderem zur Folge, dass der Europäer heute kaum noch eine Möglichkeit hat, in einem europäischen Ausland eine alternative Lebensgemeinschaft zu gründen, um z. B. eine weitestgehend autarke Selbstversorgung zu realisieren. Jeder entsprechende Versuch scheitert notwendig seit 2004 an der Hürde für den Nachweis eines geregelten Einkommens und einer geregelten Sozialversicherung. Dies bedeutet letztlich, dass es heute für den Europäer keine gangbaren offiziellen Wege mehr gibt, einer kapitalistischen Lebensweise den Rücken zu kehren und vom vorgegebenen neoliberalen Weg abzuweichen. So bleibt der EU Bürger zwangsläufig in ein

Geld- und Wirtschaftssystem eingebunden, das für den Einzelnen auf ein fremdbestimmtes Leben mit einer geregelten Arbeit und mit einem obligatorischen Trostkonsum hinausläuft.

Seit ihrer Erfindung vereinnahmt die Standeskultur den Menschen in einer regelrechten Weise mit Haut und Haaren, so dass der Mensch zu einem Herrenmenschen, zu einem Dienermenschen oder aber zu einem Sklavenmenschen wird. Die entsprechenden kulturellen „Sachzwänge" und Gesetze, das „normale" relativ unverständliche Beamtenlatein und der ständige Kult um die „Experten" der Kultur bezwecken dabei stets das Gleiche: eine eingehende Auseinandersetzung des „einfachen" Menschen mit der Standeskultur und ihren komplexen übernatürlichen Gepflogenheiten. Diese Auseinandersetzung kostet viele Menschen heute so viel Zeit und Energie, dass sie innerhalb eines immer komplizierter werdenden Kulturalltags keine freie Zeit mehr dafür finden, sich in einer ausreichenden Weise zu erholen und ihre sozialen Bedürfnisse zu befriedigen. Ein großer Teil der Menschen ist daher heute vor allem damit beschäftigt, körperlich, seelisch und geistig innerhalb der eigenen Kultur zu überleben.

Wir können anhand der kulturellen Gemengelage insgesamt feststellen, dass wir es heute in der Tat mit „grauen Herrenmenschen" zu tun haben, die dem Einzelnen die Zeit stehlen, ähnlich wie es der Roman Momo auf eine eindrückliche Weise beschreibt.[8] Nur handelt es sich heute nicht nur um ein warnendes Buch, sondern um eine handfest gewordene neoliberale

---

8: Hörspiel: https://www.youtube.com/watch?v=eoGElcRjzys

Kulturagenda, die die gestohlene Zeit der Menschen in Geld verwandelt und auf den virtuellen Konten weniger Herrenmenschen ansammelt.

Dadurch können „Der Staat", „Die Wirtschaft" und „Die Religion" bzw. die jeweiligen Herrenmenschen dieser Kulturfelder die Pfründe Mensch unter sich aufteilen. Die Agenda 2030 vereinnahmt den einfachen Menschen zudem durch die Idealisierung einer globalen Menschenfamilie und eines entsprechenden, immer selbstverständlicher werdenden „DU" auf eine emotionale und geistige Weise. Viele Menschen haben dieses aufgesetzte idealistische DU Narrativ bereits übernommen und praktizieren eine künstlich betonte positivistische Kommunikation, die in der Regel nur eine kurze emotionale Halbwertzeit aufweist und keine wirklichen emotionalen oder geistigen Nährstoffe enthält.

Die „freundliche" Übernahme durch die bürokratische Vereinnahmung und durch eine positivistische Verhaltenskultur lenkt von einer professionellen neoliberalen Gleichgültigkeit und von einem abgebrühten bürokratischen Automatismus ab, die die Seele des Menschen zunehmend in blutleeren und nichtssagenden Kurzformeln ertränken. In ihrer seelischen Not haben bereits viele Menschen kapituliert und sind zu oberflächlichen „Ja-Sagern" für alle positivistischen Betrachtungen des Lebens geworden. Durch diesen willkürlichen Positivismus entsteht in den Betroffenen ein sich immer mehr verfestigendes künstliches Verhaltenswesen, das zu einer Betriebsblindheit darüber führt, was der kultivierte Positivismus alles anrichtet. In vieler Hinsicht bedeutet der betonte Positivismus bereits heute die Sanktionierung einer immer bodenloser und haltloser werdenden Kultur, die dazu tendiert, zu einem Meer von Täuschungen und Halbwahrheiten zu werden.

Die „grauen neoliberalen Herren und ihre Diener" zersetzen heute die Nervenkraft des einfachen Menschen in einer fortschrittlichen Weise und treiben den Einzelnen in eine bedingungslose Kapitulation gegenüber der neoliberalen Kulturagenda. Dabei forcieren sie die globale Zentralisierung der Macht so bedenkenlos, als hätte es in der Geschichte nicht schon genügend Beispiele dafür gegeben, wohin ein solches Streben führt. Der heutige neoliberale Kapitalismus wird daher nicht anders enden als der liberale Kapitalismus des 19. Jahrhunderts, da das Streben nach einer zentralisierten absolutistischen Kulturmacht innerhalb eines relativen Universums notwendig einen totalitären Widerspruch gegen das Leben selbst bedeutet. Kommt der Mensch daher heute nicht dahin, sich gegen die schleichende Auflösung seiner Freiheit und seiner Natur zu wehren, so wird er seinen natürlichen Stolz, seinen Mut, seine Hoffnung und schließlich auch seine Menschlichkeit nach und nach vollständig einbüßen.

Die Natur des Menschen

Der Mensch findet vor allem durch die Feststellung einen schlüssigen Zugang zu seiner Natur, dass die natürliche Evolution weder beim Tier noch beim Menschen irgendetwas in die Ausbildung gebracht hat, das keinen konkreten Sinn und Zweck erfüllt. Von außen betrachtet, weist die menschliche Natur besondere Grundmerkmale auf, die einige Besonderheiten der menschlichen Selbstorganisation biologisch erklären können. Dazu gehören vor allem der aufrechte Gang, ein dadurch notwendig gewordenes schmales Becken und ein großes Gehirnvolumen. Damit die Geburt eines Kindes unter diesen Umständen überhaupt möglich ist, bringt der Mensch seinen Nachwuchs im Vergleich zu allen Tieren viel zu früh zur Welt, so dass das menschliche Kind als ein Tragling geboren wird, der in den ersten Lebensjahren eine besonders intensive Fürsorge durch seine Eltern benötigt. Die soziale Selbstorganisation des Menschen ist daher in einer erheblichen Weise dadurch bestimmt, dass das menschliche Kind erst nach einer längeren Entwicklungszeit den Grad der körperlichen, geistigen und emotionalen Selbständigkeit erreicht, über den viele Tiere durch ihr einfacheres Instinkt-Programm bereits unmittelbar nach der Geburt verfügen. Ein Fohlen kann z. B. im Gegensatz zum menschlichen Baby bereits 30 Minuten nach der Geburt auf seinen Beinen stehen und seiner Mutter folgen.

Dieser gravierende Unterschied zwischen Tier und Mensch macht deutlich, dass sich der Mensch durch eine außergewöhnliche Logistik organisiert, die sich nicht ohne Weiteres mit der tierischen Selbstorganisation vergleichen lässt. Da das menschliche Kind eine lange körperliche, emotionale und geistige Reifezeit von nahezu 18 Jahren durchläuft, ist für die menschliche Selbstorganisation eine besondere sozial-symbiotische Familien- und Gemeinschaftsorganisation unabdingbar geworden. Dieses Grundverständnis für die menschliche Natur macht deutlich, dass jede Form der absolutistischen Macht, die ein Mensch über einen anderen Menschen anstrebt, der besonderen sozial-symbiotischen Natur des Menschen widerspricht.

Die Natur des Menschen hat spätestens mit der Entwicklung des Homo Erectus vor ca. 500.000 Jahren eine besondere Familienkonstitution in die Ausbildung gebracht. Innerhalb dieser Familienkonstitution finden wir eine praktische Spezialisierung der Geschlechter und eine entsprechende Aufgabenteilung vor, die sich auf eine natürliche Weise durch die spezifischen Wesensmerkmale der Geschlechter vollzieht. Wir können heute anhand der wissenschaftlichen Forschungen dazu feststellen, dass die Frau von Natur aus auf die Familien-Innenpolitik und der Mann auf die Familien-Außenpolitik ausgerichtet ist. Dadurch lassen sich die auffälligen unterschiedlichen Neigungen und Fähigkeiten der Geschlechter in einer hinreichenden Weise erklären.

Die Geschlechter unterscheiden sich nicht nur durch ihre körperlichen, sondern auch durch ihre emotionalen und geistigen Anlagen und Neigungen in einer erheblichen Weise. So finden wir z. B. bei der Frau eine besondere Neigung zum intuitiven und emotionalen Denken und beim Mann einen besonderen Hang zum logischen und perspektivischen Denken vor. Die menschliche Natur hat daher die für die erfolgreiche Entwicklung des Kindes notwendige komplexe Familienorganisation auch durch eine besondere psychische Konstitution der Geschlechter abgesichert. Dabei hat sie für die Geschlechter besondere Belohnungen bereitgestellt. Die Tatsache, dass der Mensch kein Fell besitzt, findet auch darin eine Begründung, dass die Haut des Menschen besondere Sinneszellen aufweist, die nur auf sanfte Berührungen reagieren. Regelrechte Zärtlichkeiten zwischen den Geschlechtern generieren daher zusammen mit der beständig aktiven Sexualität des Menschen eindrucksvolle Belohnungen für das mitunter anstrengende „Nachwuchsgeschäft". Dabei greift die Natur des Menschen nicht nur in den körperlichen, sondern auch in den psychischen Haushalt des Menschen ein.

Um das Familienkonzept in einer wirksamen Weise zu versichern, hat die Natur des Menschen für eine unwiderstehliche Anziehungskraft der Frau auf den Mann gesorgt, da der Mann auf eine instinktive Weise auf natürlichen Reize der Frau reagiert. Durch die Umsetzung einer unnatürlichen Standeskultur, hat die Frau ihre Anziehungskraft auf den Mann auf eine übernatürliche Weise verstärkt, um die Familienorganisation auch innerhalb eines widernatürlichen und schnelllebigen Kulturbetriebes abzusichern. Dadurch ist aus der Frau für den Mann eine übernatürliche weibliche Droge geworden, nach welcher der Mann in einer regelrechten Weise süchtig geworden ist. Mit der Zeit hat sich dadurch das natürliche Beziehungsgeflecht zwischen Mann und Frau auf eine äußerst brisante, widernatürliche Weise modifiziert.

Seitdem tendiert der Mann häufig zu der Überzeugung, dass die Frau in einer generellen Weise ein eigenartiges Unglück für den Mann bedeutet, da die übernatürlich forcierte Anziehungskraft einer Frau nicht nur eine übernatürliche männliche Reaktion, sondern auch eine übernatürliche Modifizierung des männlichen Denkens und Handelns verursacht. Erst wenn der Mensch begreift, dass für diese grundlegende Verzerrung der Geschlechterbeziehung nicht die Frau, sondern die Standeskultur verantwortlich ist, kann er auch nachvollziehen, weshalb sich die Geschlechterbeziehungen auch innerhalb der modernen Standeskultur so schwierig gestalten, dass ein Geschlechterkrieg „normal" geworden ist.

Der Konflikt zwischen den Geschlechtern nahm bereits in der mesopotamischen Standeskultur vor 5000 Jahren seinen Anfang, da die Frauen in dem patriarchal sich organisierenden Sumer dem Mann generell untergeordnet waren. Dadurch forcierte die Frau erstmals ihre natürliche Anziehungskraft auf den Mann, um ihren natürlichen Einfluss auf die Familiengestaltung aufrecht zu erhalten. Dies führte jedoch nicht zu einer Lösung für das entstandene Problem, sondern setzte einen ersten Geschlechterkrieg in Gang.

Durch die „Liberalisierung" der Sexualität innerhalb der 68er-Revolution hat sich eine generelle unnatürliche sexuelle Manipulation innerhalb der modernen Standeskultur „normalisiert", so dass die sexuellen Suchtentwicklungen der Männer einen hohen Grad erreicht haben. In der Folge hat der Mann auf eine fatalistische Weise selbst damit begonnen, sich regelmäßig durch willkürliche sexuelle Reizimpulse zu manipulieren und zu motivieren.

Dieses neue „Marktpotenzial" wurde von der kapitalistischen Ökonomie in einer professionellen Weise aufgegriffen, um die Männer zunehmend auf die Sexualität zu fixieren und um die daraus entstehenden Suchtentwicklungen auf eine nachhaltige Weise auszubeuten. Nicht nur die kapitalistische Ökonomie, sondern auch viele emanzipierte Frauen haben die Möglichkeiten der übernatürlichen Manipulation des Mannes für sich entdeckt und spielen seither auf eine professionelle Weise mit den natürlichen weiblichen Reizen, bzw. mit einer übernatürlichen Empfänglichkeit des heutigen Mannes für diese Reize.

Dadurch ist es zu einer zunehmenden Hilflosigkeit des modernen Mannes gekommen, die zu einer potenzierten Einflussnahme der modernen Frau sowohl auf das familiäre als auch auf das gesellschaftliche Geschehen geführt hat. Notwendig sind die Geschlechterbeziehungen dadurch immer oberflächlicher, asozialer und respektloser geworden, so dass sie auf eine zunehmende Weise instabil geworden sind.

Dies bedeutet für die menschliche Natur notwendig eine Katastrophe, da die sozial-symbiotische Familie für ein nachhaltiges gesundes Aufwachsen der Kinder unabdingbar ist. Viele adoleszente Kinder tun sich heute nach ihrem Eintritt in das „normale" Erwachsenenleben schwer damit, eine stabile Geschlechterbeziehung aufrechtzuerhalten, da sie mit den innerhalb der heutigen Standeskultur erheblich verzerrten weiblichen und männlichen Verhaltensweisen nicht mehr zurechtkommen.

Die Erziehungsmethoden der Standeskultur und ihre Folgen

Da sich eine Standeskultur nur durch eine regelrechte Erzeugung von Dienermenschen und Sklavenmenschen aufrecht erhalten kann, kann sie auch auf hierarchische Kulturbeziehungen der absolutistischen Art nicht verzichten. Dies bedeutet für viele Kinder der Standeskultur, dass sie eine Erziehung durchlaufen, die ihrer eingeborenen Sozialnatur nicht entspricht. Der Mensch benötigt für seine ideologische, emotionale und körperliche Reife eine lange Zeit, so dass das menschliche Kind auf eine sozial-symbiotische Familien-, Gemeinschafts- und Kulturorganisation angewiesen ist. Die „normale" autoritäre und hierarchische Kulturerziehung innerhalb einer Standeskultur wird den Kindern daher notwendig zu einem grundsätzlichen Problem.

Innerhalb einer natürlichem, sozial-symbiotischen Gemeinschaft gilt die einfache ungeschriebene Moral: „ Was du nicht willst, das man dir tu..." , um die sozial-symbiotischen Beziehungen innerhalb der Gemeinschaft aufrecht zu erhalten. Eine absolutistische autoritäre Moral, wie sie jeweils einer „liberal-parasitären" sado-masochistischen Beziehung zugrunde liegt, verbietet sich daher für die natürliche Gemeinschaft von selbst.

Da der Mensch ein natürliches Wesen ist, orientieren sich die natürlichen Gesellschaften an den allgemeinen Spielregeln der Natur. In der Natur entwickeln viele Lebewesen eine Fähigkeit der Tarnung, der Täuschung und der Mimikry und damit ein Verhalten, das dem menschlichen Verhalten des Vorschwindelns entspricht. Diese Spielarten dienen innerhalb der Natur jeweils dem Zweck des Selbstschutzes und weisen daher eine natürliche Sinnhaftigkeit auf. In einer natürlichen Gemeinschaft toleriert man daher etwaige Flunkereien und Täuschungsversuche der Kinder, da sie in der Regel dem natürlichen Bedürfnis nach Selbstschutz entspringen.

Innerhalb einer traditionellen Standeskultur finden wir viele Gebote einer absolutistischen Moral, die hauptsächlich dem indirekten Zweck dienen, die absolutistische Standesherrschaft innerhalb der Kultur aufrecht zu erhalten. Diese Moral verbietet den Kindern die Tarnung, die Täuschung und die Flunkerei, die durch dem Begriff Lüge zusammengefasst werden, selbst dann, wenn sich das betreffende Kind vor einer verbalen, emotionalen oder körperlichen Gewaltanwendung seiner Eltern zu schützen versucht. Vor allem das folgende Sprichwort drückt hierbei die übliche Forderung nach einer absoluten Moral innerhalb der Standeskultur aus und ist zu einem ungeschriebenen Gesetz geworden: „Wer einmal lügt, dem glaubt man nicht und wenn er auch... ".

Durch diese aufgenötigte absolutistische Moral werden unter anderem auch die 10 Gebote der traditionellen monotheistischen Religion zu einem psychologischen Druckmittel der Eltern („Gott sieht alles"). Viele autoritär sich verhaltende Eltern, nutzen daher eine im Grunde bereits veraltete alttestamentarische Religion dazu, eine absolutistische Macht über die eigenen Kinder zu erreichen. Vor allem durch das einseitige Gebot „Du sollst deinen Vater und deine Mutter ehren", nötigen sie ihren

Kindern ein respektvolles Verhalten und eine absolutistische „Wahrhaftigkeit"ab, während diese Forderungen für die Eltern selbst nicht gelten. Dass sich eine solche „pädagogische" Agenda in einer grundlegenden Weise gegen die menschliche Natur richtet, erkennen die betreffenden autoritären Eltern oft nicht, da ihnen dazu eine ausreichende Empathie für die menschliche Natur fehlt. Bereits hier wird das Dilemma vieler Kinder innerhalb einer Standeskultur deutlich, in welcher die absolutistische Obrigkeitsgewalt der Eltern über ihre Kinder durch geschriebene und ungeschriebene Gesetze „legalisiert" ist.

Kinder, die in ihrer Familie eine ideologische, emotionale oder körperliche Gewalt erfahren, suchen in der Regel nach einer Hilfe von Außen und geraten dadurch oft in die Falle der absolutistischen Kulturreligion, die bis heute auf ihre Weise dazu beiträgt, dass sich die Standeskultur nachhaltig aufrecht erhält. Diese Falle besteht in einer ständigen Verängstigung des Menschen durch den Glauben an einen tyrannischen Gott der Belohnung und Bestrafung. Dadurch achtet der gläubige Mensch sein ganzes Leben lang auf ein imaginäres moralisches Konto, dessen Kontostand am Ende des Lebens über das nachfolgende Leben in einem Himmel oder in einer Hölle entscheidet.

Wer ein derartiges Gottesbild erzeugt, hat notwendig eine erschreckende unmenschliche Veranlagung, da sich die Ängste, die ein Kind durch eine solche „göttliche" Logistik zwangsläufig entwickelt, im Lauf des Lebens so potenzieren können, dass dadurch nicht nur ein „braves Kind" sondern auch ein „braver Bürger" entsteht.

Auch in der modernen Kultur entwickeln jeweils ca. 65 % der Menschen einer Generation durch die „normalen" Kulturideologien eine bedingungslose Kapitulation und eine Hörigkeit gegenüber den Herrenmenschen, bzw. den Statthaltern eines tyrannischen Gottes auf der Erde.

Diese einfachen Feststellungen machen deutlich, dass der heutige Kulturmensch gut daran tut, sich mit seiner Definition der Moral und seinem Verständnis eines sozialen Gemeinschaftsverhaltens auseinander zu setzen, da die „normale" Erziehung der Standeskultur die natürliche empathische Sozialmoral des Menschen verdirbt und durch eine künstliche starre Moral der absolutistischen Art ersetzt. Diese künstliche Moral besteht aus absolutistischen Geboten und Verboten, die den Kulturkindern zu einer ständigen Nötigung und Erpressung werden. Viele Kulturkinder entwickeln dadurch eine chronische Angst vor allem Unbekannten und entwickeln ein krankhaftes Kontrollverhalten, das sich sowohl auf das Verhalten der Menschen in der Umgebung als auch auf das eigene Denken, Fühlen und Verhalten erstrecken kann.

Für den Selbsterhalt der Standeskultur ist die Erziehung der Kulturkinder ein wesentlicher Schlüssel. Daher arbeitet die Kulturerziehung seit dem Bestehen der Standeskultur mit dem Einsatz sowohl einer körperlichen „Zucht" als auch mit einer von aller natürlicher Moral befreiten ideologischen und emotionalen Manipulation. Dadurch wurde auch die Lehre der Psychologie von der modernen Standeskultur sehr zügig angenommen und im Sinne der Kultur modifiziert.

Die psychologische Lehre hat die Ursache der zahlreichen psychischen Störungen des Kulturmenschen ursprünglich in den menschlichen Trieben verortet und damit die Verantwortung für die vielen destruktiven Beziehungen und Verhaltensweisen des Kulturmenschen in den persönlichen Verantwortungsbereich des Menschen gestellt. Dadurch wurde die Konstitution der Standeskultur bis heute nicht in einer angemessenen Weise auf ihren Einfluss auf das menschliche Verhalten untersucht.

Durch die Entwicklung einer regelrechten Psychotherapie wurde in den letzten 100 Jahren immer wieder bestätigt, dass die von einem traumatischen Erlebnis betroffenen Menschen die Tendenz entwickeln, ihre traumatischen Erlebnisse durch eine unbewusste Gestaltung ihrer Beziehungen zu reaktivieren. Ein traumatisches, weil für die Natur des Menschen unerträgliches Erlebnis, wird jedoch nicht deshalb erträglich, weil man es wiederholt, sondern verfestigt sich dadurch vielmehr auf eine tragische Weise. Viele der betroffenen Menschen unterliegen daher dem fatalen Irrtum, ein widernatürliches und damit bodenloses traumatisches Erlebnis mit einer natürlichen Verletzung gleichzusetzen, dessen Heilung man aktiv fördern kann.

Innerhalb einer Standeskultur entstehen die meisten traumatischen Beziehungserlebnisse durch das von der Allgemeinheit sanktionierte, willkürliche, parasitäre und asoziale Verhalten der „Herrenmenschen". Dabei wird das menschliche Urvertrauen in die soziale menschliche Natur durch die hierarchischen sado-masochistischen Standesbeziehungen in einer regelrechten Weise verletzt.

Bereits die Kinder der Standeskultur entwickeln daher heftige psychische Reaktionen und übernatürliche Ängste, die das normale kindliche Denken, Fühlen und Handeln in einer erheblichen Weise verzerren.

Solange die Standeskultur und ihre geschriebenen und ungeschrieben Normen der doppelten Moral existieren, bleibt in den verletzten bzw. traumatisierten Menschen eine grundlegende Angst vor neuen unerträglichen Kulturerfahrungen bestehen. Von dieser untergründigen übernatürlichen Angst ist heute ein großer Teil der Bürger betroffen, so dass die meisten Kulturmenschen bestrebt sind, weitere unerträgliche Erfahrungen und Verletzungen im Kulturalltag durch besondere Verhaltensmaßnahmen zu vermeiden.

Die übernatürlichen Anpassungsleistungen, die bereits die Kinder in der Kultur vollziehen und die daraus hervorgehenden Verhaltensrezepte, werden vom menschlichen Kleinhirn mit der Zeit in automatische Gewohnheiten verwandelt, die sich wie von selbst immer wieder reproduzieren. Dadurch unternimmt der „normale Bürger" in der Regel keine Überprüfung seiner ausgebildeten Verhaltensweisen auf ihre Nützlichkeit bzw. auf ihre Schädlichkeit mehr vor. Viele Kulturbürger halten an den in ihrer Kindheit entwickelten übernatürlichen Verhaltensstrategien ihr ganzes Leben lang fest.

Wir können daher insgesamt von einem psychischen Fluch sprechen, den die Standeskultur für ihre Bürger erzeugt. Wer diesen Fluch anhand seines eigenen Lebens erkennen kann und die Ursache für diesen Fluch begreift, der kann sich auch in einer wirksamen Weise von seinen psychischen Konflikten befreien, indem er neue Maßstäbe für sein Leben und für seine Beziehungen entwickelt und diese nach und nach umsetzt.

Naturgemäß versuchen die Kinder der Standeskultur ihr Bestes, um ihre destruktiven und unerträglichen Kulturerfahrungen und die daraus entstehenden Ängste zu meistern bzw. zu neutralisieren. Erreicht ein Kind trotzdem keine hinreichende Entspannung seiner seelischen Konfliktsituation, kommt es zu tragischen Übersprungshandlungen, die von der Psychologie ausführlich dokumentiert worden sind. Von diesen Übersprungshandlungen wiegt die sogenannte „Identifikation mit dem Aggressor" am schwersten.

Die Identifikation mit dem Aggressor - ein regelrechter Motor der Standeskultur

In den 60er Jahren haben die Experimente von Stanley Milgram[9] erwiesen, dass ca. 65 % der Kulturmenschen in der „1. Welt" eine Autoritätshörigkeit entwickeln, die auch schwerwiegende asoziale Handlungen gegenüber den Mitmenschen einschließt. Die Psychologie hat bezüglich dieser erstaunlichen Abirrung des menschlichen Sozialverhaltens festgestellt, dass sie von einer sogenannten „Identifikation mit dem Aggressor" verursacht wird, die sich in der Regel bereits in der Kindheit der Betroffenen vollzieht.

9: Video: Experimente nach Stanley Milgram (ab 2 Minuten 30 Sekunden bis 31 Minuten 30 Sekunden)
https://www.bitchute.com/video/WzoG5T62H5ab/

Kinder orientieren sich von Natur aus an ihren Eltern und kopieren das Verhalten der Eltern in Form eines exakten Abgleichs durch eine sogenannte Identifikation. Dafür „scannen" sie das Verhalten, die Mimik, die Gestik, die Redensarten und die Persönlichkeit ihrer Eltern und „speichern" sie in Form einer ganzheitlichen Verhaltensrolle ab. Mit den internalisierten Verhaltensrollen der Eltern und anderer wichtiger Bezugspersonen experimentieren die Kinder in ihren Beziehungen und entwickeln mit der Zeit durch ihre Beziehungserfolge eine eigene Verhaltensstrategie.

Sobald eine Identifikation stattfindet wird das natürliche Ich des Kindes vorübergehend ausgeblendet, so dass das Kind in der kopierte Rolle aufgehen und sie mit Leben füllen kann. Wir haben es daher bei der Identifikation mit einer besonderen empathischen Fähigkeit des Menschen zu tun, sich in das Verhalten und in die emotionale Verfassung anderer Menschen hineinzuversetzen. Solange die übernommenen Verhaltensrollen jeweils relativ und natürlich ausfallen, fällt dem Kind der Wechsel zwischen den kopierten Verhaltensrollen und seinem natürlichen Ich relativ leicht.

Bei einer Identifikation mit einem Aggressor handelt es sich jedoch um die Kopie einer unnatürlichen, absolutistischen Verhaltensrolle, die eine forcierte Ausblendung des natürlichen Ichs zur Folge hat. Dadurch erzeugt die absolutistische Identifikation nicht nur einen Konflikt mit der kindlichen Natur, sondern beeinträchtigt auch die Fähigkeit des Kindes, wieder zu seinem natürlichen Ich zurückzukehren. So macht das Kind die Erfahrung, dass dort, wo über eine längere Zeit kein Ich mehr wirksam wird, auch keine persönlichen Schmerzen, keine unerträglichen Gefühlsaffekte und keine Beziehungskonflikte mehr spürbar werden. Damit erreicht das Kind eine scheinbare Lösung für seine Beziehungsprobleme mit dem Aggressor. Diese Scheinlösung wird für das Kind daher zu einer großen Versuchung, das natürliche Ich auf eine chronische Weise zu verdrängen und sich beständig durch eine absolutistische Identifikation mit dem Aggressor zu organisieren.

Erliegt das Kind dieser Versuchung, dann vollzieht sich in dem Kind durch die Verwirklichung einer absolutistischen Selbstlosigkeit das, was wir gemeinhin als Autoritätshörigkeit bezeichnen. Die natürliche Ökonomie baut durch die chronisch werdende Selbstlosigkeit die natürlichen Fähigkeiten der Kinder zu einer natürlichen Ich-Organisation immer weiter ab, so dass die Kinder schließlich in einer grundlegenden Weise von fremden Rollen-, Ideen- und Sinnstiftern abhängig werden. Die Kinder und die späteren Erwachsenen kultivieren dadurch einen ständigen Verrat an ihrer eingeborenen Natur, erleben diesen Verrat jedoch auf eine tragische Weise als eine Erleichterung.

Viele Kinder geben durch ihre Identifikation mit dem Aggressor auf eine grundlegende Weise ihren natürlichen Willen auf und unterwerfen sich dem Aggressor auf eine bedingungslose bzw. auf eine masochistische Weise. Die grundlegende Absage an das eigene natürliche Ich und an den natürlichen Eigenwillen hat für das Kind schwerwiegende Konsequenzen. Da sich das eingeborene menschliche Streben nach einer natürlichen Autarkie und

Authentizität nicht ohne Weiteres aufheben lässt, entsteht in den Kindern durch eine absolutistische Identifikation mit einem Aggressor ein elementarer psychischer Konflikt. Das betroffene Kind kann die dadurch entstehenden Aggressionen nicht gegen den Aggressor bzw. gegen den eigentlichen Verursacher des entstandenen Konfliktes richten, ohne die Konfliktsituation zu verschärfen, so dass es in eine psychologische Falle gerät. Dadurch richten die betroffenen Kinder in ihrer Not ihre Aggressionen gegen sich selbst oder gegen irgendwelche zur Verfügung stehenden Sündenböcke (wehrlose Pflanzen, Tiere und Mitmenschen).

Wir haben es bei der „Identifikation mit dem Aggressor" insgesamt mit einer schwerwiegenden Übersprungs-handlung des Kindes zu tun, die mit der Zeit eine tragische, widernatürliche Verzerrung des gesamten kindlichen Verhaltens verursacht. Die Identifikation mit dem Aggressor führt nicht nur zu einer Akzeptanz des unnatürlichen absolutistischen Verhaltens des jeweiligen Aggressors, sondern auch zu einer übernatürlichen Verfestigung und Stabilisierung der absolutistischen Verhaltenskopie. Diese Verhaltenskopie wendet sich nicht weniger gegen das natürliche Ich im Kind, wie der reale Aggressor. Dadurch wird das Kind auf eine überaus tragische Weise gleichzeitig zum Unterdrücker und zum Unterdrückten in einer Person.

In vielen Kindern entsteht dadurch im Lauf der Zeit aus der verinnerlichten Verhaltensrolle des Aggressors ein regelrechtes diktatorisches „Über-Ich", welches das Verhalten des Kindes in einer absolutistischen Weise bestimmt. Wir können daher grundsätzlich bei einer

Identifikation mit dem Aggressor von einer tragischen, nachhaltigen Verinnerlichung der Beziehung zu einem Aggressor sprechen, die das entstandene Beziehungsproblem für das Kind fortschrittlich intensiviert. Dadurch kann in der Psyche des Kindes eine regelrechte Besessenheit von der internalisierten Rolle des Aggressors entstehen, je nach dem Grad der Psychopathie, die der Aggressor ausgebildet hat.

Da der Entwicklungsprozess einer „Identifikation mit dem Aggressor" auf eine unbewusste Weise abläuft, erkennen auch die davon betroffenen, erwachsen gewordenen Kinder in der Regel ihre tragische psychische Verfassung nicht und können sie daher auch nicht auf eine bewusste Weise auflösen.

Die Geschichte des 20. Jahrhunderts hat deutlich gemacht, dass eine „Identifikation mit dem Aggressor" in der Regel auch die Identifikation der Betroffenen mit den offiziellen Autoritäten der Standeskultur nach sich zieht. Der darüber entstehende Hang zu einer Hörigkeit gegenüber allen kulturellen Respektspersonen (Ärzte, Wissenschaftler, Experten, Politiker, Beamte und andere Obrigkeiten) wird vor allem in kulturellen Krisensituationen akut, in denen sich in den Betroffenen ein regelrechtes Bedürfnis nach autoritären Führungs- und Identifikationsfiguren einstellt.

Arno Gruen (1923-2015), einer der renommiertesten modernen Psychoanalytiker, hat neben seiner Erörterung der „Identifikation mit dem Aggressor" in seinem Buch „Der Verrat am Selbst"[10] eine weitere besondere Übersprungshandlung von Kindern und Erwachsenen

---

10. Buch: Arno Gruen „Der Verrat am Selbst", DTV Verlag GmbH & Co. KG, München, 1986 2005

innerhalb der modernen Standeskultur festgestellt, die weitreichende Folgen zeitigt: Ein Kind, das in seiner Familie Unerträgliches erlebt, ersetzt mitunter das ihm fehlende familiäre Geborgenheitsgefühl durch ein willkürlich erzeugtes, positivistisches Geborgenheitsgefühl, da ein Kind ohne ein solches Gefühl nicht leben kann.

Eine derartige, willkürliche „Verbesserung" der tatsächlichen vorgefundenen Realität führt die betroffenen Kinder notwendig über kurz oder lang in eine hartnäckige Blindheit gegenüber den realen familiären und kulturellen Verhältnissen. In der Folge entsteht in den betroffenen Kindern eine brisante Unfähigkeit, sich selbst in einer ausreichenden Weise zu schützen, da die realen Bedrohungen von Innen und Außen nicht mehr in einer adäquaten Weise erkannt und eingeschätzt werden können. Dadurch kommt es für die betroffenen Kinder und Erwachsenen zu regelrechten schmerzhaften Beziehungserfahrungen.

Die von der Standeskultur verursachten psycho-sexuellen Verletzungen

Die Natur des Menschen hat für eine ganzheitliche Familienorganisation nicht nur die körperliche Gestalt, sondern auch die emotionale und ideologische Konstitution der Geschlechter in einer besonderen Weise organisiert. Wie sehr die komplexe sexuelle Organisation des Menschen in das Leben der Geschlechter eingreift, wird bereits dadurch deutlich, dass die menschliche Haut ganz besondere Sinneszellen aufweist, die nur auf zärtliche Berührungen reagieren[11]. Neben einer starken sexuellen Anziehungskraft stärkt die menschliche Natur die Familienbindung daher auch durch eine besondere Sinnlichkeit und durch wohltuende Berührungen.

Wir können innerhalb der menschlichen Selbstorganisation eine natürliche Spezialisierung der Frau für eine Familien-Innenpolitik und des Mannes für eine Familien-Außenpolitik feststellen. Daher finden wir bereits in den frühen Sippengemeinschaften eine regelrechte Familienorganisation des Menschen vor, die sich durch eine eigene Behausung für alle Familienverbände kennzeichnet.

Durch die Verwirklichung der mesopotamischen Standeskultur um ca. 3000 v. Chr. ist sowohl der häusliche Einflussbereich der Frau als auch die Familien-Außenpolitik des Mannes in einer willkürlichen Weise eingeschränkt bzw. aufgehoben worden. Dadurch wurde die natürliche Familienorganisation in einer erheblichen Weise verzerrt und die psycho-sexuelle Verfassung der Geschlechter in einer schwerwiegenden Weise verletzt.

Grundsätzlich kann die im Menschen ständig aktive sexuelle Natur den Menschen nicht nur erheblich motivieren, sondern auch erheblich verstören. Wie brisant eine psycho-sexuelle Verletzung eines Mannes oder einer Frau werden kann, wird bereits durch die menschliche

---

11: Wissen: https://www.planet-wissen.de/natur/sinne/fuehlen_der_unterschaetzte_sinn/beruehrung-102.html

Eifersucht deutlich, die sowohl beim Mann als auch bei der Frau in einer bodenlosen Weise ausarten und tödliche Folgen haben kann.

Die psycho-sexuelle Verfassung der Geschlechter sorgt auf eine natürliche Weise dafür, dass das eine Geschlecht vom anderen Geschlecht ein bestimmtes Verhalten und bestimmte Fähigkeiten erwartet und einfordert. Je mehr eine Frau daher die Erwartungen eines Mannes und ein Mann die Erwartungen einer Frau erfüllt, desto stärker ist die jeweilige Attraktivität für das andere Geschlecht. Da die Frau innerhalb der mesopotamischen Standeskultur ihren natürlichen Einfluss auf die häusliche und familiäre Gestaltung nur ein Stück weit eingebüßt hat, der Mann jedoch zu einem relativ entrechteten Dienermenschen einer absolutistischen Kulturherrschaft wurde, ist der männliche Dienermensch zwangsläufig für die Frau relativ unattraktiv geworden. Die natürliche Ausrichtung der Frau auf den „erfolgreichen Mann" hat sich daher durch die Standeskultur erheblich verzerrt und in einer tragischen und äußerst unglücklichen Weise auf die wenigen „Herrenmenschen" verlagert. Dadurch ist die Frau in die Gefahr geraten, sich auf den Herrenmenschen und damit auf ein willkürliches, widernatürliches, parasitäres und unmenschliches Verhalten auszurichten. Noch heute finden wir in dieser Hinsicht die Entstehung einer erheblichen Verwirrung der Geschlechter vor, die zum heutigen Krieg der Geschlechter beiträgt.

Die durch die Standeskultur notwendig entstehende schwerwiegende psycho-sexuelle Verletzung der Geschlechter hatte überaus tragische Konsequenzen, da der Mann dadurch fortwährend übernatürliche Aggressionen entwickelt hat, die man in den mesopotamischen Stadtstaaten teilweise darüber gemildert hat, dass der Mann zu einem absolutistischen patriarchalen Familienoberhaupt wurde. Dadurch konnte der Mann durch eine übernatürliche Macht über seine Frau eine gewisse Befriedigung und eine Milderung seiner inwendigen Aggressionen erreichen. Zudem entstand zwischen den mesopotamischen Stadtstaaten immer wieder ein Streit um die Wasserrechte für den Euphrat und für die Tigris. Dieser Streit wurde für die Männer zu einem willkommenen Ventil ihrer übernatürlichen Aggressionen, so dass die mesopotamischen Stadtstaaten häufig Kriege gegeneinander führten. Insgesamt hat sich dadurch die Natur der Männer in Mesopotamien derart gewandelt, dass wir von einem „Mars[12]-Mann" sprechen können, für den die kriegerische Aggression etwas Heilendes und Gutes war. Dadurch ist das Verhalten der „Krieger" mitunter in eine bodenlose Gewalt und Grausamkeit ausgeartet. Dies galt schließlich auch für die sogenannte häusliche Gewalt, die zu unzähligen Familien-Tragödien in der menschlichen Kulturgeschichte geführt hat.

Auch von der Frau wissen wir durch die geschichtliche Überlieferung, dass sie innerhalb eines zunehmend sich intensivierenden kulturbedingten Geschlechterkrieges ein übernatürliches intrigantes Gewaltverhalten ausgebildet hat. Dadurch sind viele Frauen durch tödlich verlaufende Intrigen zu „Kali[13]-Frauen" geworden, die wie die Mars-Männer eine destruktive Lust an der Zerstörung entwickelt haben.

---

12 Wissen römischer Kriegs-Gott Mars:
https://de.wikipedia.org/wiki/Mars_(Mythologie)
13 Wissen: Indische Göttin Kali:
https://de.wikipedia.org/wiki/Kali_(G%C3%B6ttin)

Auch in Hinsicht auf eine durch die Standeskultur verursachte psycho-sexuelle Verletzung der Geschlechter können wir daher heute sagen, dass die Folgen in den letzten 5000 Jahre verheerend ausgefallen sind und noch heute verheerend ausfallen.

Volker Elis Pilgrim spricht in seinem Buch „Muttersöhne"[14] ein weiteres heikles psycho-sexuelles Problem der modernen Standeskultur an: die vaterlose Gesellschaft, die vor allem den Jungen in der Pubertät das schwerwiegende Problem verursacht, eine männliche Identifikation auszubilden. Ein Junge, der gemäß seiner Natur zum Mann heranreifen will, aber in seinem Umfeld keine intime männliche Bezugsperson findet, mit der er sich identifizieren kann, hat große Probleme damit, ideologisch und emotional zu einem erwachsenen Mann zu werden, weil ihm dazu ein integriertes ganzheitliches Rollenbild fehlt. Eine stabile Rollen-Identifikation mit einem männlichen Vorbild braucht seine Zeit und entsteht nur durch eine relativ exakte Kopie der ideologischen, emotionalen und körperlichen Haltungen des männlichen Vorbilds. Dazu gehört auch die Integration einer allgemeinen männlichen Gestik und die Ausbildung einer analytischen und perspektivischen Denkungsart des Mannes, die sich von der eher intuitiven und emotionalen Denkungsart der Frau unterscheidet. Kann ein Junge eine solche ganzheitliche männliche Identifikation nicht erreichen, dann bleibt die natürliche Identifikation des Jungen mit der eigenen Mutter in der Regel so stark, dass der Junge im biologischen Sinn keine eigenständige Männlichkeit entwickeln kann.

14: Buchhinweis: Volker Elis Pilgrim, „Muttersöhne",claassen Verlag, 1986

Nach der Jahrtausendwende hat sich innerhalb der „1. Welt" das traditionelle patriarchalische Familienrecht zu einem matriarchalen Familienrecht gewandelt. Eine entsprechend sich forcierende feministische Emanzipation hat dazu beigetragen, dass die vaterlose Familie auch in der modernen Kultur ein normales Phänomen geblieben ist. Dadurch haben heute viele Jungen, die keine ausreichende Identifikation mit einer väterlichen Bezugsperson ausbilden konnten, Schwierigkeiten damit, ihre innere Wut in Grenzen zu halten und neigen dadurch unter anderem zu einer sogenannten „Hatespeach".

Wir können daraus schließen, dass jede Art einer widernatürlichen sexuellen Modifikation oder einer psycho-sexuellen Verletzung schwerwiegende Folgen zeitigen kann. Es ist daher überaus wichtig geworden, dass der Mensch ein besseres Verständnis für seine sexuelle Natur entwickelt, damit er sich nicht durch bodenlos werdende innere Aggressionen selbst zerstört.

Die kulturbedingten Sucht-entwicklungen des Menschen

Die Standeskultur erzeugt dort, wo sie sich voll entfalten kann, stets eine seelisch und geistig vergiftete Gesellschaft. Seit der Industriellen Revolution ist der Mensch daher immer mehr dazu übergegangen, das Kulturleben zu automatisieren und zu maschinisieren, um die schwierigen sozialen Kulturbeziehungen durch erfreulichere Sachbeziehungen zu ersetzen. Dadurch sind die zwischenmenschlichen Beziehungen des Menschen bis heute relativ oberflächlich und dünnhäutig geworden, so dass sie keinen größeren Belastungen mehr standhalten.

Das relativ dürftige und konfliktanfällige Sozialleben, das darüber für den modernen Menschen normal geworden ist, bedeutet für den Einzelnen heute in einer grundsätzlichen Weise, dass er seine natürlichen sozialen Bedürfnisse nicht hinreichend erfüllen bzw. befriedigen kann. Dadurch hat der Mensch damit begonnen, für diese fehlende Befriedigung nach Ersatzbefriedigungen zu suchen. Ohne sich darüber hinreichend bewusst zu sein, hat der Mensch dadurch zahlreiche Suchtentwicklungen initiiert, die er sich bis heute in einer gefährlichen Weise harmlos und schön redet. Nach wie vor bilden daher die meisten Kulturmenschen einen ganzen Komplex von Suchtgewohnheiten aus, die in einer unbemerkten Weise das Denken, Fühlen und Handeln verändern, indem es sich, wie bei einem Junkie, immer mehr auf die ständige Sicherstellung der Versorgung mit Suchtmitteln verengt.

Durch den modernen Massenkonsum hat der Kulturmensch einen ganzen Katalog von krankhaften Suchtentwicklungen in die Ausbildung gebracht, die heute zwar als „normal" gelten, die aber deshalb nicht harmlos sind. Der persönliche Suchtkomplex eines modernen Kulturmenschen setzt sich in der Regel aus stoffgebundenen Suchtentwicklungen (Koffein, Zucker, Nikotin, Alkohol, Konsumgüter etc.) und aus stoffungebundenen Suchtentwicklungen (Spielsucht, Mediensucht, Arbeitssucht, etc.) zusammen. Daraus entsteht ein regelrechter künstlicher Gewohnheitskomplex, den der Betroffene auf eine

„liberale" bzw. willkürliche Weise rechtfertigt und sanktioniert.

Von diesem Lebensrezept der künstlichen Ersatzbefriedigungen ist der Mensch seit der Industriellen Revolution zunehmend abhängig geworden. Dadurch hält der heutige Mensch an der kapitalistischen Standeskultur wie ein Drogensüchtiger fest, der Angst davor hat, dass er seinen Nachschub an Drogen nicht mehr realisieren kann. Viele Betroffene verlieren dadurch nach und nach unbemerkt ihren natürlichen Stolz und opfern ihr Selbstwertgefühl und ihr kritisches Denken auf dem Altar ihrer Ersatzbefriedigungen. Derartige Entwicklungen sind gefährlich, da sie mit der Zeit in eine Depression oder in eine absolutistische Gleichgültigkeit münden.

Um einen Suchtkomplex auflösen zu können, ist es hilfreich, die Entwicklung einer Sucht biologisch nachzuvollziehen: Jede Droge liefert eine potenzielle Ersatzbefriedigung für ein natürliches Bedürfnis, das nicht erfüllt werden kann. Der bedürftige Mensch, der durch ein Ersatzmittel eine Ersatzbefriedigung zu erreichen versucht, betreibt daher eine widernatürliche, willkürliche Manipulation seiner Existenz, die einem Betrug an der eigenen Natur gleichkommt. Daher funktioniert eine derartige Manipulation stets nur für eine gewisse Zeit. Solange die Manipulation zu Sensationserlebnissen, zu wohltuenden Ablenkungen oder zu einer anderen Art von Befriedigung führt, hat der Selbstbetrug Erfolg. Durch die Gewöhnung lässt jedoch mit der Zeit der Sensationseffekt und damit die Befriedigung durch die jeweiligen Ersatzmittel nach, so dass eine höhere Dosis der Ersatzmittel oder andere, zusätzliche Ersatzmittel für eine erfolgreiche Befriedigung bzw. Entspannung notwendig werden. Wir haben es dabei nicht nur mit einem Teufelskreis, sondern vielmehr mit einer Teufelsspirale zu tun, die dahin führt, dass die menschliche Natur schließlich durch die Zufuhr von zu vielen oder zu starken Ersatzmitteln überlastet bzw. vergiftet wird.

Es gibt daher auf Dauer für den Menschen keine andere Lösung für seine Existenz, als die regelrechte Befriedigung seiner natürlichen Bedürfnisse. Die natürlichen Bedürfnisse des Menschen resultieren aus einer 500.000 Jahre währenden evolutionären Feinabstimmung der menschlichen Natur. Der Mensch kann daher diese Bedürfnisse nicht ohne erhebliche Konsequenzen einfach abschalten, ersetzen oder verbessern. Daher ist vor allem der gebührende Respekt vor der eigenen Natur für den süchtigen Menschen die wesentliche Voraussetzung, um seine Suchtgewohnheiten auflösen zu können.

Dies gilt im übertragenen Sinn auch für viele moderne Gesellschaften, die nach einem sensationellen Luxus-Kapitalismus süchtig geworden sind, und die gegenwärtig dazu tendieren, alle natürliche Vernunft hinter sich zu lassen. Der Produktrausch, den die technischen Erfindungen erzeugen, setzt sich heute auf eine derart massive Weise durch, dass der Mensch für technische Sensationserlebnisse seine Existenz und die Natur der Erde aufs Spiel setzt und seine Hoffnungen auf eine extrem widernatürliche automatisierte Zukunftskultur verlegt.

Wie gefährlich der „normale" kulturbedingte Suchtkomplex des modernen Kulturmenschen tatsächlich ist, wird erst dadurch deutlich, dass er von einer grundlegenden institutionalisierten Sucht der Standeskultur getragen wird, von einer sado-masochistischen Machtsucht. Die Lust an der Macht über ein fremdes Leben (sadistisch) oder über das eigene Leben (masochistisch) ist durch die Industrielle Revolution zu einem wesentlichen Motor und Antrieb der modernen Standeskultur geworden. Wir können daher den heutigen Suchtkomplex des Kulturmenschen an stoffgebundenen und stoffungebundenen Suchtmitteln als eine sekundäre Suchterkrankung begreifen, die auf einer primären sado-masochistischen Suchterkrankung des Menschen fußt.

Diese Gemengelage der modernen Suchtentwicklungen potenziert sich zu einer generellen Sucht nach der kapitalistischen Standeskultur als solcher. Daher ist der Mensch heute an einem Punkt seiner kulturellen Fehlentwicklung angekommen, an dem sein Streben nach einer absoluten Kontrolle des Lebens auf der Erde die Menschlichkeit des Menschen und die Natürlichkeit der Natur langsam aber sicher auflöst. Viele Menschen verhalten sich dadurch bereits wie „fortgeschrittene" Junkies, denen im Grunde alles gleichgültig ist - Hauptsache sie erhalten ihre Kulturdrogen.
Wir haben es daher heute weniger mit einem äußeren und mehr mit einem inneren apokalyptischen Prozess zu tun, der den Menschen in eine Selbstzerstörung treibt.
Nur wenn sich der Mensch daher eingesteht, dass sein Verhalten in einer erheblichen Weise durch widernatürliche Suchtentwicklungen bestimmt ist, kann er auch die entsprechenden Konsequenzen daraus ziehen und

seine biologisch immer unzurechnungsfähiger werdende Standeskultur loslassen.

Die traditionelle Religion und ihre destruktive Wirkung auf die heutige Kulturorganisation

Der Glaube spielt im Leben des Menschen eine besondere Rolle, da der Mensch einen Teil der tierischen Instinkte durch ein freies Bewusstsein ersetzt hat. Damit der Mensch ein ganzheitliches Orientierungsbild für seine tägliche Selbstorganisation erreichen kann, ergänzt er sein Wissen durch Glaubensannahmen, die ihm plausibel erscheinen. Dies führt notwendig zu Fehlern im menschlichen Denken und Handeln, so dass es für den Menschen wichtig geworden ist, seine Annahmen wissenschaftlich zu überprüfen. In der Regel bleiben menschliche Denkfehler relativ harmlos, sie können jedoch auch drastische Folgen zeitigen, wie das folgende Beispiel zeigt:

In dem Buch „Schnelles Denken, langsames Denken",[15] berichtet Daniel Kahneman von sogenannten Verfügbarkeitskaskaden in Bezug auf die Entfesselung einer übernatürlichen Angst innerhalb der modernen Gesellschaft. Anhand von realen Ereignissen beschreibt er eine typische gesellschaftliche Angstentwicklung, die an die jüngste Entwicklung der Corona-Problematik erinnert.

15: Buchhinweis: Daniel Kahneman, Schnelles Denken, langsames Denken, Penguin Verlag, 2011

Seite 179 ff.: […] „Eine Verfügbarkeitskaskade ist eine sich selbst tragende Kette von Ereignissen, die vielleicht mit Medienberichten über ein relativ unbedeutendes Ereignis beginnen und zu öffentlicher Panik und massiven staatlichen Maßnahmen führen. Manchmal zieht ein Medienbericht die Aufmerksamkeit eines Teiles der Öffentlichkeit auf sich, die dadurch aufgerüttelt und beunruhigt wird,. Diese emotionale Reaktion wird selbst zu einer Geschichte, die ihrerseits weitere Berichte in den Medien auslöst, was noch größere Besorgnis und Engagement hervorruft. Dieser Kreislauf wird manchmal gezielt von Verfügbarkeitsunternehmern beschleunigt, das sind Einzelpersonen oder Organisationen, die daran arbeiten, einen beständigen Fluss beunruhigender Nachrichten aufrechtzuerhalten. Die Gefahr wird in dem Maße überzeichnet, wie die Medien um reißerische Schlagzeilen konkurrieren. Wissenschaftler und andere, die versuchen, die wachsende Angst und Abscheu zu bekämpfen, finden wenig Beachtung und die meiste davon ist feindseliger Natur: Jeder, der behauptet, die Gefahr werde übertrieben, wird der Beteiligung an einer „ruchlosen Vertuschung" verdächtigt. Die Sache gewinnt politische Bedeutung, weil sie die Öffentlichkeit umtreibt, und die Reaktion des politischen Systems wird von der Intensität der öffentlichen Stimmung determiniert. Die Verfügbarkeitskaskade hat jetzt die Prioritäten neu festgesetzt. Weitere Risiken und andere das Gemeinwohl fördernde Verwendungsweisen von Ressourcen sind in den Hintergrund getreten".[…]

Da diese Beschreibung 2011 veröffentlicht wurde, ist sie eine unverdächtige Messlatte, anhand derer der Einzelne die Entwicklung der Corona-Problematik reflektieren und seine Gedanken, Vorstellungen und Ängste gezielt überprüfen kann.

Bei der entstandenen Corona-Problematik hat sich ebenfalls eine Verfügbarkeitskaskade ausgebildet, die sich zu einem idealistischen Glaubens-Narrativ der religiösen Art weiterentwickelt hat. Der Corona-Virus war nur für ca. 10 % der Bevölkerung ein Risiko; 90 % der Infizierten haben die Infektion relativ unbemerkt oder mit leichten Symptomen durchlaufen. Die politische Forderung einer totalitären Solidarität mit den Risikogruppen durch eine Impfung lässt sich daher anhand der wissenschaftlichen Zahlen und Fakten nicht rechtfertigen und kann daher nur durch ein idealistisches Glaubens-Narrativ der religiösen Art durchgesetzt werden.

Die grundsätzlichen Kennzeichen einer Religion bestehen darin, dass der Religionsstifter im Gegensatz zum Wissenschaftler eine willkürliche Deutung der Welt und der gegenwärtigen Situation vornehmen kann, da er für seine jeweiligen Interpretationen keinen Beweis antreten muss. Eine Religion setzt sich daher seit jeher durch den Glauben an einen Menschen oder an eine verabsolutierte Institution durch, wobei der Gläubige dabei eine gewisse grundsätzliche Hörigkeit entwickelt. Mehr gibt es in Bezug auf die entstandene Corona-Problematik nicht zu sagen, da die wissenschaftlich erhobenen Zahlen, Daten und Fakten für sich selbst sprechen.

Es ist eine alte Lebensweisheit, dass das Leben lebensgefährlich und die Gesundheit stets gefährdet ist. Es gibt daher auch für den hochtechnisierten Kulturmenschen keine absolute Sicherheit oder eine Gesundheitsgarantie, auch wenn die „Experten" der Standeskultur gerne mit diesen unrealistischen Wünschen der Menschen spielen und sich zu übertriebenen Versprechungen hinreißen lassen.

Das entstandene Corona-Problem hat deutlich gezeigt, dass der Kulturbürger auch heute noch innerhalb einer beängstigenden Kultursituation zu einer traditionellen Autoritätshörigkeit tendiert, so dass dadurch die menschliche Fähigkeit zur natürlichen Vernunft blockiert wird. Durch das traditionelle religiöse Narrativ überträgt sich die verabsolutierte göttliche Autorität auf alle „Statthalter Gottes auf Erden" und damit auch auf die modernen gesellschaftlichen Institutionen. Dadurch lebt der gläubige Staatsbürger zwangsläufig nicht in einem relativen Universum und einer relativen irdischen Natur, sondern in einer künstlichen Blase von übernatürlichen Vorstellungen, Gedanken und Gefühlsaffekten.
Der Mensch kann diese Blase, die sich durch beängstigende religiöse Vorstellungen wie von selbst aufrechterhält, nur dadurch auflösen, dass er das traditionelle religiöse Narrativ eines von absolutistischen Göttern diktierten Erdenlebens als solches in Frage stellt. Eines der wirksamsten idealistischen Konzepte, die der „Herrenmensch" vor 5000 Jahren erfunden hat, ist das religiöse Narrativ der Schuld gegenüber Gott, die an das natürliche Schuldgefühl des Menschen appelliert. Da der Mensch auf eine soziale Gemeinschaft angewiesen ist, hat die menschliche Natur für die Aufrechterhaltung der entsprechenden sozial-symbiotischen Beziehungen ein Schuldgefühl konstituiert, das stets dann aktiviert wird, wenn ein Ungleichgewicht von Geben und Nehmen innerhalb einer sozialen Beziehung entsteht. Diese

symbiotische Logik ist dem modernen Menschen, der innerhalb seiner kapitalistischen Standeskultur zu einem sado-masochistischen Einzelkämpfertum genötigt wird, nicht mehr wirklich geläufig. Die symbiotische Logik besagt, dass keiner der Beziehungspartner langfristig etwas davon hat, wenn er stets nur nimmt, oder stets nur gibt, da sich dadurch so oder so die soziale Beziehung auflöst oder destruktiv wird. Ein natürliches Schuldgefühl ist daher für den Menschen stets eine Warnung, dass er einen natürlichen Ausgleich von Geben und Nehmen innerhalb seiner Beziehungen aufrechterhalten muss.

Indem die Religionsstifter diese natürliche Schuld abgewandelt und auf die virtuelle Beziehung zu Gott übertragen haben, ist eine andere Qualität von Schuld entstanden, die mit einer schwerwiegenden Angst vor Gott kombiniert wurde. Da der erfundene absolutistische Gott alle Verfehlungen des Menschen registriert und auf ein Konto bucht, das dann am Ende des Lebens abgerechnet wird, hat sich eine übernatürliche Angst vor einer Schuld in das Weltbild der gläubigen Menschen eingeschlichen. Diese Angst konnte von den Religionsstiftern, bzw. den „Statthaltern Gottes auf Erden" dazu genutzt werden, regelmäßige Gaben von den Gläubigen zu erpressen.

Eine in ihrer Wirkung brutalere ideologische Konzeption als dieses absolutistische religiöse Schuldnarrativ kann es kaum geben, da dieses Narrativ den Menschen in eine Zwangsbeziehung zu einem Gott einsperrt, gegen dessen Willkür sich der Einzelne nicht wehren kann. Wer immer daher an dieses religiöse Konzept glaubt, ist ein verlorener Mensch, der für übernatürliche Ängste, destruktive allergische Reaktionen und für psychische Erkrankungen anfällig wird.

Durch das ideologische Konstrukt der menschlichen Schuld gegenüber Gott ist der Mensch bis heute äußerst sensibel für das Wort „Schuld" geblieben und vermeidet tunlichst jede vermeintliche Schuld. Es ist daher für den heutigen Menschen wichtig geworden, dass er zu der Feststellung gelangt, dass nicht etwa Gott den Kulturmenschen gewaltsam und absolutistisch beherrscht, sondern der „Herrenmensch". Der Herrenmensch kann als „Statthalter Gottes" alle Vorzüge eines übernatürlichen Status nutzen, so dass er gleichzeitig für alle destruktiven Folgen dieser kulturellen Agenda den lieben Gott verantwortlich macht. Nichts, was sich der Mensch bis heute sonst noch ausgedacht hat, reicht an diese bodenlose Willkür und asoziale Schamlosigkeit heran.

Wer daher die „Gesinnung" der traditionellen Religionsstifter nicht begreift, der tut sich notwendig äußerst schwer damit, sich von destruktiven religiösen Glaubensüberzeugungen wieder zu befreien. Da der traditionelle religiöse Glaube dem Menschen eine bodenlose Angst vor einer göttlichen Strafe eingetragen hat, löst jeder Versuch, diesen Glauben zu verwerfen, die bange Frage aus: Und wenn es nun doch einen solchen Gott gibt, was dann?

Bereits eine einzige absolutistische göttliche Drohkulisse, die „erfolgreich" in das Weltbild eines Menschen eingepflanzt werden kann, reicht in der Regel aus, um die Betroffenen in ein dauerhaftes Glaubensgefängnis einzusperren. Wie die Kulturgeschichte gezeigt hat, überträgt sich ein solches ideologisches Glaubensgefängnis durch die natürliche Identifikation der Kinder mit ihren Eltern und durch die Kulturerziehung jeweils auf die nächste Generation. Auf diese Weise hat sich das Narrativ der religiösen Schuld über 5000 Jahre lang aufrecht erhalten und sperrt auch die heutigen Kulturmenschen nach wie vor erfolgreich in ein dauerhaftes Glaubensgefängnis und in ein entsprechendes Kulturgefängnis ein. Dies gilt selbst für alle erklärten Atheisten, solange sie noch einen Zweifel in sich hegen, ob es einen solchen Gott möglicherweise doch gibt.

Der einzige Weg für eine vollständige Befreiung von den traditionellen religiösen Narrativen besteht daher darin, die ungeheuerliche Angst durchzustehen, die sich mit der Absage an das traditionelle Welt- und Kulturbild des Herrenmenschen einstellt. Sobald dieser Ablösungsprozess gelingt, schrumpft auch der gegenwärtige „Herrenmensch" im Weltbild der Betreffenden wieder auf seine natürliche Größe.

Die symptomatischen Übersprungshandlungen, die der „einfache" Menschen auf sein jeweiliges absolutistisches Gottesbild entwickelt, führen seit 5000 Jahren dazu, dass der Mensch von den selbsternannten „Statthaltern Gottes auf Erden" für genau die allergischen Symptome verurteilt und bestraft wird, die das von ihnen selbst geschaffene Gottesbild erzeugt. Dadurch ist ein fortschrittlicher Teufelskreis einer absolutistischen menschlichen Verunsicherung entstanden, die den Menschen bis heute in einer chronischen Weise schwächt und die zu der heutigen kulturbedingten Selbstvergiftung des Menschen entscheidend beiträgt.

Ein weiteres traditionelles religiöses Narrativ mit überaus verheerenden Auswirkungen ist die absolutistische „Gut-Böse" Polarisierung der Welt, die sich von der biologischen Polarität dadurch unterscheidet, dass sich die natürlichen Wechselpole gegenseitig ergänzen und ein ganzes Spektrum bilden (+ und -, hell und dunkel, süß und sauer, etc.). Die absolutistische ideologische Polarisierung von „Gut und Böse" erzeugt stattdessen eine Feindschaft, so dass sich die Pole im menschlichen Weltbild gegenseitig ausschließen. Daher handelt es sich bei dieser idealistischen Polarisation nicht um ein natürliches, sondern um ein übernatürliches bzw. widernatürliches Konstrukt, das der menschlichen Willkür entstammt.

Die willkürliche Polarisierung von Gut und Böse verhindert bis heute die Erkenntnis der eigentlichen Beschaffenheit der traditionellen Standeskultur. Denn weder der Herrenmensch noch der Dienermensch ist absolut „Gut oder Böse". Biologisch gesehen stellen wir beim Herrenmenschen ein krankhaft sadistisches Streben nach immer mehr Macht über andere Lebewesen fest, während der Diener- und Sklavenmensch eine krankhafte masochistische Lust an einer absoluten Selbstbeherr-schung kultiviert, die nahezu „alles" stoisch erduldet. Dadurch ergänzen sich die widernatürlichen Überlebensstrategien der Herrenmenschen und der Dienermenschen auf eine derart tragische Weise, dass die „normalen" sado-masochistischen Standesbeziehungen „fortschrittlich" ins Bodenlose ausufern und schließlich die menschlichen Verhaltensweisen erzeugen, die der Mensch als bösartig oder als destruktiv bezeichnet.

Durch das religiöse „Gut-Böse" Narrativ ist der Mensch bis heute auf eine tragische Weise lernresistent geblieben, da sowohl der Herrenmensch als auch der Dienermensch dadurch Gott oder den Teufel für sein Unglück verantwortlich macht, nicht aber sich selbst.
Die Gut-Böse-Polarisierung macht den Menschen daher bis heute in einer „professionellen" Weise blind dafür, dass sowohl das sadistische Verhalten des Herrenmenschen als auch das masochistische Verhalten der Kulturdiener und Kultursklaven äußerst krankhaft ist und überaus schwerwiegende Folgen zeitigt.

Bis heute gründet die Macht der Herrenmenschen auf einem absolutistischen Gottes-Narrativ. Daher erlischt die Macht des Herrenmenschen notwendig in dem Moment, indem der „einfache" Mensch das religiöse Weltbild eines tyrannischen Gottes, der herrschaftliche Verwalter auf der Erde einsetzt, konsequent verwirft.

Der Mensch kann sich stattdessen an das wissenschaftliche Weltbild eines relativen Universums halten, in dem alle Lebewesen Teil eines einheitlichen universalen Wesens sind. Dieses Wesen generiert bestimmte Naturgesetze, die für alle Lebewesen gleichermaßen gelten, so dass es in einem solchen Universum auch keine Sonderrechte für „auserwählte" Herrenmenschen gibt.

Viele gläubige Christen sind bis heute in einer hartnäckigen Weise biologisch unzurechnungsfähig geblieben, da sie das offizielle Narrativ von Jesus als einem universalen Sündenbock nie in Frage gestellt haben. Wenn Jesus für alle vergangenen, gegenwärtigen und zukünftigen Sünden der Menschen gestorben ist, ist er dann auch für die heutigen Sünden der respektlosen Massentierhaltung, für eine globale Lohnsklaverei und für ein willkürliches und widernatürliches Verhalten der Menschen gestorben? Besteht die Möglichkeit, dass eine religiöse Naivität es bis heute den Herrenmenschen zu leicht macht, eine widernatürliche Herrschaft über alles Leben der Erde aufrecht zu erhalten?

Wer sich ernsthaft mit dieser Fragen beschäftigt, kann für sich eine plausible Erklärung dafür finden, weshalb der Mensch heute im Begriff ist, seinen Kulturkarren durch eine bodenlos gewordene ideologische und politische Willkür in einen tiefen moralischen Morast zu ziehen. Die menschliche Selbstorganisation ist durch die religiöse Generalabsolution durch Jesus und durch andere religiöse Narrative in den letzten 200 Jahren schlicht zu willkürlich, zu widernatürlich und zu asozial geworden, als dass der heutige Mensch seine sozialen Beziehungen und seine Beziehungen zur Natur noch auf eine gesunde Weise organisieren kann.

Dadurch wird sich der Mensch auch einer zunehmenden gesellschaftlichen Selbstvergiftung durch ein immer willkürlicher angewandtes traditionelles Sündenbock-Konzept (Jom Kippur[16]) nicht in einer hinreichenden Weise bewusst. Der moderne Mensch hat den jüdischen Sündenbock-Ritus insofern weiterentwickelt, als er heute durch spontane Emotionsentladungen, wie selbstverständlich und ohne einen ersichtlichen Anlass, seine Mitmenschen für eine persönliche „Aggressions-Hygiene" missbraucht.

---

16. Bibelstelle: Ritus von Jom Kippur 3. Buch Mose 16,1-28

Ein Mensch, der einen anderen, in der Regel schwächeren oder gar wehrlosen Menschen zu einem Sündenbock macht, verletzt notwendig sowohl seine eigene soziale Natur als auch die soziale Natur des auserwählten Sündenbocks.

Die Tatsache, dass ein Mensch innerhalb des heutigen Kulturalltags zu jeder Zeit und an jedem Ort, mit einer stillschweigenden kulturellen Billigung aller, zu einem Sündenbock für einen anderen Menschen werden kann, bedeutet für die soziale Natur des Menschen eine Katastrophe, da die Betroffenen durch die erlittenen Verletzungen eine übernatürliche Angst vor anderen Menschen entwickeln und das Vertrauen in ihre Kulturgemeinschaft verlieren. Das gängige Sprichwort „wer den Schaden hat, braucht für den Spott nicht zu sorgen" offenbart einen darüber hinaus gehenden, hämischen Ungeist in der Kultur, der schwerwiegende Angsterkrankungen auslösen kann.

Erst durch das Bewusstsein für die Gefahren, die aus der traditionellen Religion entstehen können, wird der Mensch frei für eine einfache biologische Sicht der Dinge. Die Wissenschaft hat bis heute deutlich gemacht, dass das Universum keineswegs ein Ort des Schreckens, der absolutistischen Autorität, der Herrschsucht oder gar der Tyrannei ist. Vielmehr ist das Universum, wie es bereits Thomas von Aquin formuliert hat, ein lebendiges Wesen, das mit sich selbst im Einklang steht und als vollkommen glückselig erachtet werden kann.

Sobald der Mensch daher erkennt, in welch einem ideologischen und emotionalen Dilemma er heute steckt, kann er auch begreifen, dass er sich von dem 5000 Jahre alten Weltbild der „Herrenmenschen" verabschieden muss. Dadurch kann der Mensch das ihm gegenwärtig drohende„Schicksal", innerhalb einer dystopischen Weltordnung zu enden, wieder auflösen, so dass der Weg zu einer neuen, biologischen Kulturgestaltung frei wird.

Das idealistische Konzept der Auserwähltheit

Die ideologische Willkür, mit welcher der Mensch seine idealistischen Glaubensvorstellungen in der Vergangenheit verabsolutiert hat, fallen heute zunehmend auf den Menschen zurück und verwandeln den menschlichen Kulturalltag langsam aber sicher in ein ideologisches Schlachtfeld. Wie bereits in dem Buch „Die Geschichte der kulturellen Fehlentwicklung" ausführlich erörtert, ist das ideologische Konzept des Idealismus, das alle Ideen und Fantasien des Menschen in eine absolutistische Ideologie oder Religion verwandeln kann, das bis heute mit Abstand gefährlichste geistige Instrument des Menschen geblieben.

Vor allem der autoritätshörige Mensch neigt dazu, die absolutistischen idealistischen Glaubenskonzepte der Herrenmenschen zu übernehmen, da er kein natürliches Ich und damit auch keine nachhaltige eigene Meinung generiert. Insbesondere der Fasch„ismus" und der Kommun„ismus" des 20. Jahrhunderts haben gezeigt, wie fanatisch der autoritätshörige Kulturmensch durch die Übernahme von idealistischen Glaubenskonzepten werden kann. Diese Anfälligkeit betrifft nicht nur Männer, sondern auch Frauen, die einen idealistischen Femin„ismus" oder eine idealistische Form der hermetischen Esoterik praktizieren. Auch diese idealistischen Konzepte führen den Menschen wie nahezu alle ideologischen „ismus" Konzepte in eine absolutistische Abgrenzung gegen alle „Ungläubige", die sich in einer zügigen Weise zu einer Feindschaft auswachsen kann. Je mehr daher der Idealismus das Geschehen innerhalb einer Gesellschaft bestimmt, desto mehr wird der Kulturalltag zu einem ideologischen Kriegsschauplatz, der einen gesellschaftlichen Konsens wirksam verhindert.

Ein überaus verheerendes idealistisches Konzept der menschlichen Kulturgeschichte, das bis heute angewandt wird, ist das Konzept der göttlichen Auserwähltheit, das die Juden aus einer existenziellen Notsituation heraus ab ca. 600. v. Chr. für ihr Volk in die Anwendung gebracht haben. Der dadurch entstehende Glaube der Juden, dass der neue universale Gott die Juden zu seinem auserwählten Volk erkoren hat, hat die Juden in einer übernatürlichen Weise motiviert. Darüber hat sich die jüdische Glaubensgemeinschaft schließlich derart stabilisiert, dass sie nach der Vertreibung aus ihrer Heimat durch die Römer (70 n. Chr.) eine Diaspora von 1875 Jahren überstanden hat.

Das ideologische Konzept der "Auserwähltheit" hat sich bis heute in vieler Hinsicht als ein wirkungsvolles psychologisches Motivationsmittel für den Menschen erwiesen, birgt jedoch die Schattenseite und den inwendigen Preis einer absolutistischen Isolation und Entfremdung von anderen Menschen und Gemeinschaften in sich. Der Glaube, das auserwählte Volk Gottes zu sein, hat im jüdischen Weltbild notwendig alle anderen Völker zu unerwählten Völkern werden lassen. Darüber ist im jüdischen Weltbild eine religiöse Hierarchie entstanden, die sich den „unerwählten" Menschen auf eine untergründige Weise durch die Sprache, durch die Mimik und durch die Gestik mitgeteilt hat. So wurde die monotheistische Religionskonstitution für die Juden sowohl zum Segen eines religiösen Überlebenselexiers als auch zu einem Fluch einer Ausgrenzung und Anfeindung durch andere Völker- und Religionsgemeinschaften.

Augustinus, ein früher Kirchenlehrer der Katholischen Kirche, hat das Konzept der göttlichen Auserwähltheit ebenfalls aufgegriffen und für eine besondere religiöse Lehre von auserwählten und unerwählten Menschen verwandt. An dieser Lehre hat sich vor allem der reformatorische Protestantismus und insbesondere der Calvinismus orientiert.

Der Glaube, ein auserwählter Mensch, eine auserwählte Gemeinschaft oder ein auserwähltes Volk zu sein, trägt bis heute das innere Preisschild einer Isolation und einer Entfremdung von allen unerwählten Menschen, Gemeinschaften und Völkern in sich. Dadurch entstehen zwangsläufig Verstimmungen und Feindseligkeiten in den zwischenmenschlichen Beziehungen, die nicht ohne Weiteres aufgehoben werden können.

Vor allem die heutigen Gemeinschaftsbildungen, die wir als Sekten bezeichnen, verwenden gerne das ideologische Konzept der Auserwähltheit, um sich durch eine besondere ideologische Konstitution von anderen

Menschen oder Gemeinschaften abzugrenzen. Dadurch entsteht in der Regel ein menschliches Orientierungsbild, das nicht nur zu einer absolutistischen Einteilung der Menschen in auserwählte und unerwählte Menschen führt, sondern auch die Ausbildung eines idealistischen Freund-Feind-Denkens fördert. Viele Menschen teilen heute auf eine relativ unbewusste Weise ihr Weltbild durch polare idealistische Kategorisierungen ein, wobei vor allem die folgenden absolutistischen Gegensätze häufig verwendet werden:

- auserwählt und unerwählt
- reich und arm
- hochwertig und minderwertig
- gut und böse
- göttlich und teuflisch
- richtig und falsch

Die unbewusste Verwendung derartiger idealistischer Polarisierungen verändert die Gedanken- und Gefühlswelt des Menschen in einer erheblichen Weise und führt mitunter zu einem engstirnigen und intoleranten Naturell. Es ist daher für den Menschen notwendig geworden, sich mit dem ideologischen Konzept des Idealismus eingehend auseinander zu setzen und sich eine Klarheit darüber zu verschaffen, in welcher Weise dieses Konzept das eigene Leben beeinträchtigt.

Die Probleme mit der Panik und mit der allergischen Reaktion

Da die neoliberale Agenda heute in einer zunehmend willkürlichen Weise das Überleben des einfachen Menschen bedroht, kommt es bei den betroffenen Menschen immer häufiger zu panischen Reaktionen. Wie bei jeder natürlichen Lebensgefahr wird dadurch das menschliche Denken ausgeschaltet, damit der Mensch seine Aufmerksamkeit konzentrieren und die Bedrohung von Außen entweder durch einen Angriff oder durch eine Flucht abwenden kann. Da es sich bei der neoliberalen Agenda jedoch um keine natürliche, sondern um eine übernatürliche, relativ ungreifbare Bedrohung handelt, bleibt der „einfache" Mensch in einem Zustand der ständigen untergründigen Angst gefangen und entwickelt eine entsprechende Anfälligkeit für eine Panik, für allergische Reaktionen und für verschiedene Angsterkrankungen. Dadurch bleibt das einfache natürliche Denken und Handeln des Menschen notwendig dauerhaft gestört oder gar blockiert.

Der einfache Mensch kann auf die Herrenmenschen seiner Standeskultur (Beamte, Arbeitgeber, Familienmitglieder) nicht aggressiv reagieren oder vor ihnen fliehen, ohne die untergründigen kulturbedingten Bedrohungen für seine eigene Existenz weiter zu intensivieren. Daher richten viele Menschen in ihrer Not ihre Ängste und allergischen Reaktionen in Form von Autoaggressionen gegen sich selbst. Eine scheinbare Erlösung aus dieser Notlage bietet vor allem das Ideal der Selbstlosigkeit, nach dem Motto „wo kein Ich ist, da gibt es auch kein Problem. Ein derartiger passiv-aggressiver Nihilismus kommt notwendig einem Selbstverrat gleich und führt die Betroffenen über kurz oder lang in eine absolutistische Gleichgültigkeit. Notwendig ist eine solche Selbstorganisation keine Lösung auf Dauer, da eine destruktive Wendung der kulturbedingten Panik gegen das eigene Ich zu einer schleichenden seelischen und geistigen Selbstzerstörung führt.

Innerhalb der 68er-Revolution hat der moderne Mensch einen regelrechten Kult der Antireaktion auf die traditionelle Standeskultur entwickelt, aus dem unter anderem der politische Feminismus und der politische Linksextremismus hervorgegangen sind. Dadurch kam es zu einer immer selbstverständlicher werdenden allergischen Kulturkritik, die bis heute mehrere spezifische Ausläufer eines gesellschaftlichen Anti-Kults hervorgebracht hat (Punk, Hip-Hop, etc.). Das inwendige Problem derartiger reaktionärer Bewegungen besteht vor allem darin, dass der allergische Kult dazu neigt, auf eine grenzenlose Weise zu eskalieren. Dies führt unter anderem dazu, dass sich ein allergischer Slang und bestimmte allergische Redewendungen ausbilden, so dass für alle Teilnehmer am Anti-Kult eine eigenständige Realitätsblase entsteht.

Die Teilhaber an dieser Realitätsblase entwickeln mit der Zeit eine Hörigkeit für alle ähnlichen allergischen und reaktionären Ansichten in der Gesellschaft, so dass sie in einer entsprechenden, relativ unkritischen Weise übernommen werden. Durch diesen Werdegang ist bis heute ein wirksames gesellschaftliches Hindernis für eine reale Veränderung der Kulturkonstitution entstanden, da die allergischen und extremistischen gesellschaftlichen Gruppierungen jeweils in ihrer eigenen Realitätsblase verbleiben und daher untereinander keinen stabilen ideologischen Konsens herstellen können, der über eine gemeinsame Demonstration auf der Straße hinaus geht. Dadurch trägt jeder allergische und extremistische gesellschaftliche Antikult auf eine tragische Weise dazu bei, dass sich die Standeskultur relativ ungehindert weiter aufrecht erhalten kann.

Wie die Geschichte gezeigt hat, tendiert auch die allergische revolutionäre Bewegung eines ganzen Volkes zu einem tragischen kontraproduktiven Verlauf. Dies ist vor allem durch die Geschichte der Französischen Revolution deutlich geworden. Die revolutionäre Bewegung tendiert wie jeder gesellschaftliche Antikult dazu, sich gegen den scheinbar für alles allein verantwortlichen sadistischen Herrenmenschen zu richten. Dadurch bleibt die masochistische Selbstorganisation des einfachen Volkes unterbelichtet, ohne die sich eine Standeskultur nicht aufrecht erhalten kann.

Mündet der revolutionäre Prozess in eine Explosion der ideologischen, emotionalen oder körperlichen Gewalt, dann entwickeln die allergischen Revolutionäre in der Regel früher oder später den gleichen Grad einer bodenlosen sadistischen Gewaltanwendung, wie die Herrenmenschen, die man durch die Revolution entmachtet hat. Diese „Infektion" mit einem bodenlosen sadistischen Gewaltverhalten ist zu einem regelrechten Phänomen der revolutionären Bewegungen innerhalb der Geschichte der Standeskultur geworden.

Solange sich der Kulturmensch daher nicht der Tatsache in einer hinreichenden Weise bewusst ist, dass die Menschen einer Standeskultur krankhafte sadistische und masochistische Verhaltensweisen entwickeln, findet er notwendig auch keinen gangbaren Weg für die Umsetzung einer konstruktiven sozial-symbiotischen Gesellschaftsorganisation.

Für eine natürliche Kulturorganisation ist es vor allem notwendig, dass der „einfache" Mensch seine eigene masochistische Erkrankung erkennt und bewältigt, da er es ist, der die Kultur am Laufen hält. Der einfache Mensch bildet die natürliche Mehrheit in der Kultur, so dass er innerhalb einer biologischen Kulturorganisation seinen natürlichen Einfluss geltend machen und die Gestaltung der Kultur wesentlich mitbestimmen kann. Sobald der einfache Mensch daher bewusst sein gegenwärtiges passives, verantwortungsscheues und masochistisches Überlebensrezept aufgibt, ist der Weg zu einer natürlichen und gesunden Gesellschaftsorganisation nicht mehr weit.

Für einen solchen aktiven Emanzipationsprozess ist es notwendig, dass der einfache Mensch die übernatürliche Panik und die allergische Reaktion als eine schwerwiegende Beziehungsfalle erkennt. Diese Falle kann er nur umgehen, wenn er auf das widernatürliche Verhalten der Herrenmenschen nicht panisch oder allergisch reagiert. Dafür muss er vor allem nachvollziehen, wie der Herrenmensch seit 5000 Jahren sein Ziel der absolutistischen Macht über den einfachen Menschen erreicht:
Der Herrenmensch baut sein absolutistisches Machtstreben vor allem auf dem natürlichen Streben des

„naiven" Menschen nach sozial-symbiotischen Beziehungen auf. Indem sich der Herrenmensch bewusst und gezielt widernatürlich, asozial und unerträglich verhält, erzeugt er durch dieses Verhalten die Falle eines destruktiven Beziehungs-Teufelskreises. Dieser Teufelskreis setzt dann ein, wenn der „einfache" Mensch auf die Beziehungsagenda des Herrenmenschen spontan mit dem Versuch reagiert, die Beziehung zum Herrenmenschen zu harmonisieren. Der dabei zur Wirkung kommende soziale Grundimpuls des einfachen Menschen erkennt das widernatürliche Verhalten des Herrenmenschen nicht, weil der spontane und naive Mensch grundsätzlich nicht davon ausgeht, dass sich ein Mensch in einer widernatürlichen und krankhaft asozialen Weise verhalten und organisieren will.

Durch diese tragische Blindheit für die besondere Beziehungsagenda des Herrenmenschen entsteht in der Regel eine destruktive Beziehung zwischen dem naiven Menschen und dem Herrenmenschen, die sich durch ein willkürliches, asoziales Herrenmenschen-Verhalten und durch eine kontraproduktive „Anpassung" des naiven Menschen auszeichnet.

Bis heute versucht der Herrenmensch die Ursache-Wirkungs-Folge dieser „normalen" Beziehungskonstitution der Standeskultur ideologisch dadurch zu stabilisieren, dass er der „Naivität" des einfachen Menschen und damit der empathischen Sozialnatur des Menschen die Schuld an der entstehenden Beziehungskonstellation zuspricht. Nimmt der einfache Mensch diese Schuldzuweisung auf welche Weise auch immer an, dann entsteht ein akuter Teufelskreis einer ständig sich intensivierenden Konfliktbeziehung, die zu einem fortschrittlichen Machtgewinn des Herrenmenschen über den naiven Menschen führt.

Das bewusste Nachvollziehen dieses tragischen Beziehungsprozesses führt den „einfachen" Menschen zu der unangenehmen aber notwendigen Schlussfolgerung, dass er auf die offizielle Weltsicht des Herrenmenschen nichts geben kann und sich keinen Illusionen über die Zielsetzungen des Herrenmenschen hingeben darf.

Das schnelle intuitive und das langsame analytische Denken

Die Natur des Menschen hat einen großen Teil der tierischen Instinkte durch ein freies, beständig aktives Bewusstsein ersetzt. Dies hat für den einzelnen Menschen notwendig zur Folge, dass er sich selbst ein Weltbild erzeugen muss, nach dem er sich richten kann. Daher spielt der Glaube im Leben des Menschen eine besondere Rolle, da er zusammen mit dem menschlichen Wissen ein ganzheitliches menschliches Weltbild formt. Diese ideologische Selbstorganisation des Menschen ist notwendig relativ unsicher und führt zwangsläufig zur Entstehung von Fehlannahmen, die zu einer ständigen Fehlerquelle im menschlichen Denken und Handeln werden können. Daher ist es für den Menschen wichtig geworden, seine Annahmen durch eine wissenschaftliche Auseinandersetzung zu überprüfen. Diese einfachen biologischen Zusammenhänge machen deutlich, dass das Denken für den Menschen eine herausragende Bedeutung hat. Daher ist es für den Menschen sinnvoll, sich damit auseinander zu setzen, wie das menschliche Denken funktioniert.

Vor allem das Buch „Schnelles Denken, langsames Denken" von Daniel Kahneman[17] vermittelt eine fundierte Vorstellung davon, wie sich das menschliche Denken organisiert. Daniel Kahneman unterscheidet zwei verschiedene Denksysteme, ein schnelles, intuitives, emotionales Denken, das in Sekundenbruchteilen Entscheidungen trifft und ein langsames analytisches Denken, das der Mensch z. B. für Rechenaufgaben oder für ein perspektivisches Denken einsetzt, um zukünftige Entwicklungen realistisch einschätzen zu können.

Das schnelle Denken hat für den Menschen einen großen Stellenwert, da es auf viele im Gehirn gespeicherte Informationen in sehr kurzer Zeit zugreifen und spontane Entscheidungen treffen kann.
Das langsame analytische Denken ist anstrengender und braucht Zeit, so dass eine gewisse Bereitschaft vorhanden sein muss, die dafür erforderliche Energie und Zeit zu investieren. Dies kann mitunter zu einem Problem werden, da der Mensch, wie Daniel Kahneman es ausdrückt, zu einer gewissen Denkfaulheit neigt und dadurch sein spontanes, intuitives, schnelles, relativ müheloses Denken gerne überschätzt. Daniel Kahneman merkt dazu in seinem Buch folgendes an:
S. 113 [...]„Voreilige Schlussfolgerungen („Urteilssprünge") auf beschränkter Datenbasis sind so wichtig für das Verständnis des intuitiven Denkens und kommen in diesem Buch so häufig vor, dass ich eine

---

17 Buchempfehlung Daniel Kahneman, Schnelles Denken, langsames Denken, Penguin Verlag, 2011

etwas sperrige Abkürzung dafür verwenden werde: WYSIATI, was für „What you see is all there is" steht. [...] System 1 [das schnelle, spontane Denken, Anm.d.Verf.] ist völlig unempfindlich für die Qualität und die Quantität der Informationen, aus denen Eindrücke und Intuitionen hervorgehen".[...]

S. 107 [...] „Wenn System 2 anderweitig beschäftigt ist [durch Krisen, Ängste etc. Anm. de Verf.], glauben wir fast alles. System 1 ist leichtgläubig und neigt dazu, Aussagen für wahr zu halten; System 2 [das langsame, analytische, wissenschaftliche Denken, Anm. d. Verf.] ist dafür zuständig, Aussagen anzuzweifeln und nicht zu glauben, aber System 2 ist manchmal beschäftigt und oft faul. Tatsächlich gibt es Hinweise dafür, dass sich Menschen eher von inhaltsleeren, überredenden Botschaften wie etwa Werbespots beeinflussen lassen, wenn sie müde und kognitiv erschöpft sind. [...]

Es ist daher wichtig, dass sich der Mensch der relativen Schwächen seiner Denksysteme bewusst bleibt, da er sich nur auf diese Weise vor schwerwiegenden ideologischen Irrtümern und den daraus mitunter entstehenden Folgeschäden bewahren kann.

Da der Mensch von Natur aus Freude am langsamen Denken - ja selbst an Mathematikaufgaben hat - ist es vor allem einer unerträglichen, die menschliche Natur grundsätzlich überfordernden Kulturorganisation zuzuschreiben, dass der Mensch oftmals nicht eingehend über seine Kultur und die Welt nachdenken will. Das ist besonders in Bezug auf die heutige Kultursituation fatal, da nur das langsame Denken den Menschen aus der kulturellen Misere befreien kann, in die sich der Mensch durch die Umsetzung einer widernatürlichen Kulturorganisation gebracht hat.

Eine der wesentlichen Ursachen auch für die kulturelle Fehlentwicklung von heute, war der unbedachte Entschluss eines schnellen menschlichen Denkens vor etwa 5000 Jahren, das gewohnte Verfahren für die Domestikation der Tiere auf den Menschen zu übertragen und dadurch den Sklavenmenschen zu erschaffen, dem man wie den Tieren jeden Respekt und alle natürlichen Rechte abgesprochen hat. Wir finden darin das brisanteste geschichtliche Beispiel eines „schnellen Denkens" durch das es der frühe Mensch versäumt hat, die symbiotische Sozialnatur und die besondere Fähigkeit des Menschen zur Freiheit durch ein langsames Denken angemessen in Rechnung zu stellen.

Es ist daher wichtig, dass der heutige Mensch die kulturellen Fehlentwicklungen, die durch ein schnelles Denken entstanden sind, durch ein bewusstes „langsames Denken" gezielt aufarbeitet und korrigiert, damit er zu einer Kulturgestaltung gelangen kann, die seiner besonderen Natur gerecht wird.

Zusammenfassung und Schluss

Durch eine Gesamtbetrachtung der Kulturgeschichte wird deutlich, dass wir die Standeskultur seit ihrer Umsetzung als eine Agenda begreifen können, die aus dem natürlichen Menschen einen übernatürlichen Kulturmenschen formt.

Dabei verletzt die Standeskultur die individuelle, die soziale und die psycho-sexuelle Natur des Menschen und treibt den Menschen durch ein absolutistisches religiöses Weltbild in eine destruktive Identifikation mit einem künstlichen Kultur-WIR.

Diese gewaltsame kulturelle „Umerziehung" des Menschen vollzieht sich durch eine „Schwarze Pädagogik" unter dem Motto „Dort wo ein künstliches absolutistisches WIR sein soll, darf kein natürliches ICH mehr existieren. Die Standeskultur sorgt daher seit ihrem Bestehen durch kulturelle „Sachzwänge" dafür, dass sich der Mensch an eine totalitäre Staatskonstitution, an eine hierarchische Ökonomie, an ein absolutistisches Militär und an eine übernatürliche Kulturideologie anpasst, die sich alle auf eine grundsätzliche Weise gegen die natürlichen Interessen des Menschen richten. Dadurch hat der „einfache" Mensch notwendig ständig mit inneren und äußeren Konflikten zu kämpfen und bleibt auf Dauer ein relativ ohnmächtiges „Kulturprodukt".

Wenn wir die geistige Entwicklungsgeschichte des Menschen betrachten, dann können wir feststellen, dass es keine brutalere und nachhaltigere Form des Missbrauchs von Menschen durch Menschen gegeben hat und gibt, als die ideologische oder religiöse Gewalt. Eine körperliche

Verletzung kann der Mensch verschmerzen und ausheilen, eine ideologische oder religiöse Verletzung durch widernatürliche Weltanschauungen setzt sich in Form von bestimmten Überzeugungen und Narrativen im Weltbild des Menschen fest und bleibt dort mitunter das ganze Leben lang wirksam. Dies gilt im Grunde für jede menschliche Anschauung, die der Mensch durch einen übernatürlichen Idealismus generiert und verabsolutiert.

Der Idealismus hat den Menschen in den heutigen globalen medialen Krieg um eine absolutistische kulturelle Deutungshoheit geführt, der den Menschen gegenwärtig mit einer totalitären ideologischen Selbstvergiftung bedroht. Der Mensch kann sich daher heute nur noch durch einen biologischen Bewusstseinswandel aus dem selbst erzeugten Dilemma einer immer willkürlicher und unzurechnungsfähiger werdenden Standeskultur befreien. Sobald der Mensch durch eine bewusste ideologische Reinigung allen absolutistischen Kultur-Narrativen eine eindeutige Absage erteilt, schafft er die nötigen ideologischen und praktischen Voraussetzungen für die Umsetzung einer relativen biologischen Kulturorganisation.

Die fortschrittliche globale Vermögenskonzentration in den letzten 150 Jahren hat durch die Corona-Krise einen kritischen Höhepunkt erreicht. Was der dadurch immer brisanter werdende globale neoliberale Krieg von Reich gegen Arm für den heutigen Kulturmenschen bedeutet, hat bereits einer der frühen Kirchenlehrer Augustinus von Hippo (354 – 430 n. Chr.) klar erkannt: „Was sind überhaupt Reiche, wenn die Gerechtigkeit fehlt, anderes als große Räuberbanden? Sind doch auch Räuberbanden nichts anderes als kleine Reiche". Sie sind eine Schar von Menschen, werden geleitet durch das Regiment eines Anführers [Black Rock[18]; Anm.d.Verf.], zusammengehalten durch Gesellschaftsvertrag und teilen ihre Beute nach Maßgabe ihrer Übereinkunft. Wenn eine solche schlimme Gesellschaft durch den Beitritt verworfener Menschen so ins Große wächst, daß sie Gebiete besetzt, Niederlassungen gründet, Staaten erobert und Völker unterwirft, so kann sie mit Fug und Recht den Namen „Reich" annehmen, den ihr nunmehr die Öffentlichkeit beilegt, nicht als wäre die Habgier erloschen, sondern weil Straflosigkeit dafür eingetreten ist. Hübsch und wahr ist der Ausspruch, den ein ertappter Seeräuber Alexander dem Großen gegenüber getan hat. Auf die Frage des Königs, was ihm denn einfalle, daß er das Meer unsicher mache, erwiderte er mit freimütigem Trotz: „Und was fällt dir ein, daß du den Erdkreis unsicher machst? Aber freilich, weil ich es mit einem armseligen Fahrzeug tue, nennt man mich einen Räuber, und dich nennt man Gebieter, weil du es mit einer großen Flotte tust."[19]

Das neue globale Reich, das sich in den letzten 150 Jahren auf der Erde gebildet hat, ist das Reich der Herren einer deregulierten Finanzwirtschaft und Konzernwirtschaft, deren neoliberale kapitalistische Ideologie heute von nahezu allen Staaten der Welt anerkannt wird, obwohl sie das Leben gefährdende asoziale, parasitäre und widernatürliche Tendenzen in sich birgt. Der wesentliche

---

18 Wissen: https://de.wikipedia.org/wiki/BlackRock
19: Quelle Augustinus De civitate die Buch 4. Kapitel 4
http://www.unifr.ch/bkv/kapitel.php?abschnittnr=1922&ordnung=3
https://de.wikipedia.org/wiki/Augustinus_von_Hippo

Unterschied dieses modernen globalen Räuberreiches zu den früheren Reichen von Alexander dem Großen und den Römern besteht darin, dass sich durch die Institutionen des Internationalen Währungsfonds, der Weltbank und der Welthandelsorganisation eine globale „liberale und positive" Rechtsprechung durch geschriebene und ungeschriebene Gesetze durchgesetzt hat.

Diese „Legalisierung" der neoliberalen Herrenmenschen-Agenda erweist sich heute zunehmend für die menschliche Spezies als selbstzerstörend, da sie sich durch die traditionelle positive Rechtsprechungsgrundlage „positives (kulturelles) Recht vor natürlichen Recht" gegen die natürlichen Rechte aller Lebewesen durchsetzt. Die Völker akzeptieren und sanktionieren diese willkürlichen „positiven" Gesetze bis heute relativ unreflektiert. Es stellt sich daher die Frage, ob sich der einfache Mensch heute wirklich klar darüber ist, was er alles unterstützt und welche Folgen diese Unterstützung für alle Lebewesen der Erde hat.

Bereits die Katholische Kirche hatte die Mahnung von Augustinus nicht ernst genommen und war ab dem 13. Jahrhundert selbst zu einer Räuberbande mit einem eigenen Reich geworden, die mit Nötigungen und Erpressungen der religiösen Art das eigene materielle Heil sichergestellt hat. Die dafür erfundenen Ablassbriefe[20], der Handel mit kirchlichen Ämtern und andere angewandte Methoden der geistigen, seelischen und körperlichen Ausbeutung, haben die Gläubigen in eine protestantische Reformation getrieben. Dadurch hat sich nicht wirklich

---

20: Wissen: Ablassbriefe:
https://learnattack.de/schuelerlexikon/geschichte/ablassbrief

etwas gebessert, da die entstehenden religiösen Strömungen des Pietismus und des Puritanismus dazu beigetragen haben, dass einer aufkeimenden unmenschlichen und biologisch unzurechnungsfähigen kapitalistischen Agenda eine selbstlose und zu Entbehrungen fähige Arbeitermasse zur Verfügung stand. Auf dieser ideologischen und praktischen Basis begründet auch die heutige global agierende kapitalistische Räuberbande ihre neoliberale Agenda des Krieges von Reich gegen Arm.

Ein zielgerichteter Blick in die Kulturgeschichte macht deutlich, dass in nahezu allen Völkern der Geschichte, die sich durch Gott-Könige, Kaiser oder andere Stellvertreter Gottes auf Erden organisiert haben, mit der Zeit herrschaftliche Räuberbanden entstanden sind, die sich jeweils durch eine Kulturreligion der doppelten Moral und durch eine positive Rechtsprechung dauerhaft in der Kultur durchgesetzt haben. Dadurch ist die soziale Ungerechtigkeit zu einem obligatorischen Merkmal der Standeskultur geworden. Noch heute begehren die Kulturkinder intuitiv und spontan gegen diese soziale Ungerechtigkeit in der Kultur auf, so lange, bis sie sich an die Kultur „angepasst" haben.

Gegenwärtig sehen wir, dass sich die biologische und soziale Zurechnungsfähigkeit des Menschen überall auf der Welt langsam aber sicher auflöst, weshalb die Frage für den Menschen immer wichtiger wird, was zu tun ist?

Die Kulturgeschichte weist immer wieder auf die soziale Tragik hin, dass die Kulturdiener und Kultursklaven der Standeskultur eine masochistische Kulturanpassung kultivieren, die zu viel gibt und zu wenig nimmt. Dadurch versuchen die Kulturdiener und Kultursklaven mit Hilfe eines generellen vorauseilenden Gehorsams gegenüber der offiziellen Agenda der Herrenmenschen das eigene Leben abzusichern. Das regelrechte tragische und bittere Ergebnis dieser Überlebensstrategie ist ein asozial, sadistisch und bisweilen grausam sich verhaltender „Herrenmensch" der in einer zunehmenden Weise den Respekt vor den Kulturdienern und Kultursklaven verliert. Dadurch gestaltet sich das Leben der „einfachen" Kulturmenschen notwendig schwierig und mündet in regelmäßige Perioden eines elenden seelischen, geistigen oder körperlichen Daseins.

Auch in den letzten Jahren konnte man förmlich zusehen, wie sich der natürliche Respekt gegenüber dem Individuum in den modernen Kulturen verflüchtigt hat, so dass der Mensch heute Gefahr läuft, das Opfer einer bodenlosen Respektlosigkeit zu werden.

Die notwendige Lehre aus der sado-masochistischen Kulturgeschichte kann der Mensch erst dann ziehen, wenn er sich klar vor Augen hält, dass zwischen dem sozial-symbiotischen Verhalten der Naturvölker und dem „normalen" Kulturverhalten des modernen Menschen ein weiter Weg der sozialen und biologischen Verirrung und Degeneration liegt.

Der moderne Mensch kann seine Selbstorganisation vor allem dadurch wieder auf eine natürliche Weise gestalten, dass er seine dörflichen und städtischen Verwaltungsbeamten direkt wählt. Indem die gewählten Verwaltungsbeamten aus ihrer Mitte die Kreisbeamten, die Kreisbeamten die Landesbeamten, die Landesbeamten die Bundesbeamten und die Bundesbeamten die Beamten der Staatsgemeinschaften (EU, USA) bestimmen, entsteht eine natürliche Legitimationslinie für die Exekutive von Unten nach Oben. Diese Legitimationslinie sorgt wie von selbst für eine natürliche Demokratie, da der Bürger einen grundlegenden Einfluss auf die Gesellschaftsorganisation realisieren kann. Dies liegt vor allem daran, dass die Exekutive die wesentliche organisatorische Instanz innerhalb der heutigen Kultur ist und die tägliche Kulturgestaltung faktisch reguliert.

Heute wählt der Bürger lediglich eine Legislative und kann daher nur darauf hoffen, dass dadurch eine für ihn günstige Judikative und Exekutive entsteht, da er weder auf die Judikative noch auf die Exekutive einen wirksamen Einfluss ausüben kann. Eine Demokratie, die sich durch eine hierarchische Befehlskette von „Oben nach Unten" organisiert, ist daher nur eine Scheindemokratie und bleibt für eine Vetternwirtschaft und für die Entstehung einer alles beherrschenden Räuberbande innerhalb der Kultur anfällig.

Die bewusste Rückkehr des Menschen zu einer natürlichen Selbstorganisation erfolgt in einer derart verfahrenen kulturellen Situation, wie wir sie heute vorfinden, notwendig nicht von selbst, sondern kann nur dadurch verwirklicht werden, dass sich der Einzelne intensiv mit der Organisation seiner Gesellschaft auseinandersetzt. Ohne ein entsprechendes Kulturbewusstsein bleibt der „einfache" Mensch notwendig ein Fähnchen im politischen und medialen Wind und wird relativ unfähig, sich seines eigenen

Verstandes ohne die Hilfe eines anderen zu bedienen
(Immanuel Kant: Was ist Aufklärung?[21]).

Es braucht daher die bewusste Entscheidung des
Einzelnen, sich nicht länger durch ein unterhaltendes
Kulturprogramm „abzulenken" und den Entschluss, die
Faktoren, die das eigene Leben entscheidend prägen,
bewusst zu konfrontieren. Dadurch kann der Einzelne
seine eigene, mitunter vollständig unterdrückte Natur
wiederbeleben und aktiv an der Gestaltung einer
zukünftigen, biologisch zurechnungsfähigen
Selbstorganisation des Menschen mitwirken.

Der Mensch erreicht vor allem dann eine nachhaltige,
biologisch zurechnungsfähige Kulturorganisation, wenn er
die Notwendigkeit für ein grundlegendes kulturelles Tabu
erkennt, das alles widernatürliche, willkürliche und
asoziale menschliche Denken, Fühlen und Handeln in
einer grundlegenden Weise ächtet. Indem der Mensch
diese soziale und politische Konsequenz aus seiner
5000-jährigen Kulturgeschichte zieht, hat er bereits den
wichtigsten Schritt zur Befreiung aus der immer
gefährlicher werdenden gegenwärtigen Kulturentwicklung
getan.

Sobald der Einzelne zudem dem religiösen Narrativ der
„gottgewollten" hierarchischen Standeskultur gezielt das
Narrativ einer tragischen kulturellen Fehlentwicklung
entgegensetzt, kann sich der bis heute wirksam gebliebene
Glaube an den „gottgewollten" Herrenmenschen und

---

21 Wissen: Was ist Aufklärung ?:
https://de.wikipedia.org/wiki/Beantwortung_der_Frage:_Was_ist_Aufkl
%C3%A4rung%3F

damit die eigentliche kulturelle Machtgrundlage der heutigen Herrenmenschen relativ zügig auflösen.

Reale Veränderungen in der Kultur sind in der Kulturgeschichte nie von der Mehrheit, sondern stets von einer Minderheit ausgegangen. Dabei hat sich gezeigt, dass die ideologische oder politische Übereinstimmung einer Bewegung innerhalb der Gesellschaft eine kritische Masse erreichen muss, um eine kulturelle Veränderung in Gang zu setzen. Diese kritische Masse wird je nach der Notwendigkeit einer kulturellen Veränderung bei einer ideologischen Übereinstimmung von 5 bis 20 % der Bürger einer Gesellschaft erreicht. Es ist daher nicht notwendig, dass sich der aufgeklärte Mensch für die unabdingbar gewordene Veränderung der heutigen Kulturkonstitution das Ziel setzt, eine politische Mehrheit zu erreichen.

35 % der heutigen Kulturmenschen organisieren sich relativ empathisch, sozial und symbiotisch, haben sich jedoch in den letzten 20 Jahren wegen einer neoliberalen Kulturpolitik immer mehr aus der Öffentlichkeit zurückgezogen. Dadurch haben viele der Betroffenen eine passive Überlebensstrategie entwickelt, wodurch sich ihr gegenwärtiges kulturelle Engagement auf einen bedingten Widerstand gegen vereinzelte Kultursymptome der neoliberalen Standeskultur reduziert. Durch diesen Rückzug bleibt der Einfluss vieler empathischer Menschen auf die gegenwärtige Kulturgestaltung notwendig äußerst gering.

Dies wird notwendig so lange so bleiben, bis der empathische Mensch seine Aufmerksamkeit auf die zentrale Ursache aller heutigen Kultursymptome richtet und sich eingehend mit der Konstitution der Standeskultur auseinandersetzt. Dadurch kann eine neue ideologische Basisbewegung innerhalb der Kultur entstehen, die zu einer ideologischen Einigung der empathischen Menschen führt.

Der widernatürliche destruktive Kulturgeist, den der Mensch durch die Umsetzung der Sklaverei und durch die Verwirklichung der Standeskultur erzeugt hat, kann nicht durch eine natürliche Liebe oder durch eine natürliche Vernunft aufgelöst werden, sondern nur dadurch, dass man ihn als die gefährlichste aller Erkrankungen des Menschen begreift. Die tragische mentale und emotionale Erkrankung des Kulturmenschen hat dazu geführt, dass der Mensch seit 5000 Jahren eine fatalistische Kultur organisiert, für die er Gott, die Sterne und andere Adressaten verantwortlich macht, nur nicht sich selbst. Dabei ist es biologisch gesehen klar und eindeutig, dass der Herrenmensch seit 5000 Jahren befiehlt und der Kulturdiener- und Kultursklave seit 5000 Jahren folgt, ohne dass der Mensch aus den überaus destruktiven Folgen dieser Kulturorganisation eine Lehre gezogen hat. Die Standeskultur ist daher für den Menschen zu einer Achillesferse geworden, durch die sich der Mensch seit 5000 Jahren wie Sisyphus[22] auf einem steinigen Weg zu einem widernatürlichen kulturellen Höhepunkt aufmacht, um jeweils kurz vor dem Gipfel an seinen destruktiven Zielsetzungen zu scheitern und wieder von vorne zu beginnen.

---

22 Wissen https://neueswort.de/sisyphus/

Erst wenn der Betrachter diese zwanghafte Geschichte der Standeskultur durchschaut, wird ihm klar, was der heutige Mensch geworden ist: ein tragisches Wesen, das sein natürliches Lebensgeschenk vergeudet und alle Natürlichkeit der Natur und alle Menschlichkeit des Menschen für eine widernatürliche Existenz verbraucht.

Der einfache Mensch ist nicht dazu gezwungen, das Kulturleben im Sinne der „Herrenmenschen" zu gestalten. In den letzten 20 Jahren sind sehr viele Entwürfe für eine alternative naturgerechte Kulturgestaltung in irgendeiner Schreibtischschublade verschwunden. Sobald sich der Mensch daher von dem Narrativ einer absolutistischen Standeskultur verabschiedet, kann er diese Pläne und Entwürfe wieder aufgreifen und sich daran machen, in einer relativ zügigen Weise eine biologische und soziale Kulturgestaltung zu verwirklichen.

Die meisten gegenwärtig sich passiv und gleichgültig verhaltenden Menschen haben in ihrer Kindheit die Erfahrung gemacht, dass gegen eine absolutistische, sadistisch agierende Autorität nicht anzukommen ist. Diese Erfahrungen wurden in der Regel so internalisiert, dass die Betroffenen nicht in Rechnung stellen, dass sie inzwischen erwachsen geworden sind und ganz andere Möglichkeiten besitzen. Solange der strategisch passiv bleibende Mensch diese Tatsache nicht verarbeitet und seine Haltung korrigiert, entwickelt er zwar immer wieder den inneren Impuls, couragiert für eine bessere Welt zu handeln, wird aber unmittelbar darauf mit einer inneren Angstreaktion konfrontiert. Damit der Mensch dieses Hindernis meistern kann, braucht er eine entsprechende bewusste Entschlossenheit.

Für eine solche Selbstüberwindung können wir heute in den Sichtweisen von Eleanor und Franklin D. Roosevelt eine wertvolle Inspiration finden: „Das einzige, was unser Volk zu fürchten hat, ist die Furcht selbst. Wir fürchteten den wirtschaftlichen Zusammenbruch, wir haben uns mutig gegen diese Angst gewehrt und sie überwunden. Nun meine Freunde gilt es auf den Frieden hinzuarbeiten, nicht nur diesen Krieg zu beenden, sondern die Anfänge aller Kriege. Alle, die sich mit uns zu einem dauerhaften Frieden bekennen, sage ich: die einzigen Grenzen zur Realisierung unsere Zukunft werden unsere gegenwärtigen Zweifel sein. Lasst uns voranschreiten in starkem aktiven Vertrauen." Franklin D. Roosevelt (März 1945 Warm Springs Georgia)

„Mut ist auf lange Sicht berauschender als Angst. Wir müssen nicht über Nacht zu Helden werden. Wir tun einen Schritt nach dem anderen, stellen uns den Dingen, wie sie kommen, merken, dass sie nicht so schlimm sind, wie sie erscheinen, und entdecken, dass wir die Kraft haben, ihnen zu trotzen." Eleanor Roosevelt

Nachwort

Das vorliegende Buch ist der 2. Teil einer besonderen Buch-Trilogie und wird durch die folgenden Bücher ergänzt:

1. Teil: Das Buch „Die Geschichte der kulturellen Fehlentwicklung – oder die Erfindung der Sklaverei und ihre Folgen" beleuchtet die Vergangenheit der menschlichen Evolutionsgeschichte. Das Buch thematisiert den fundamentalen Widerspruch zwischen den natürlichen Anlagen des Menschen für eine freiheitliche und soziale Gemeinschaftsorganisation und der Tatsache, dass der Herrenmensch den einfachen Menschen seit der Erfindung der Sklaverei und der Standeskultur vor ca. 5000 Jahren in einer regelrechten Weise entrechtet und ausbeutet.

Zudem erörtert das Buch die Entwicklung der Standeskultur von der frühen Antike bis in die Gegenwart und konzentriert sich ab dem frühen Mittelalter auf die deutsche Kulturgeschichte. Auf diese Weise erschließt sich dem Leser nach und nach ein Verständnis dafür, wie und warum es zu den kulturellen Schwierigkeiten gekommen ist, mit denen der Mensch heute zu kämpfen hat.

3. Teil: Das Buch „Die Befreiung von der Standeskultur - durch den natürlichen dritten Weg" setzt sich mit den wichtigsten wissenschaftlichen Erkenntnissen auseinander, die der Mensch für die Umsetzung einer nachhaltigen natürlichen Gesellschaftsorganisation benötigt. Die Natur der Erde organisiert sich sowohl auf eine relative als auch auf eine heterarchische Weise, so dass der Mensch, der seit der Erfindung der Sklaverei eine absolutistische Hierarchie innerhalb seiner Gesellschaft verfestigt hat, im Grunde eine widernatürliche Selbstorganisation betreibt. Das Buch stellt daher die Konstitution der traditionellen Standeskultur zur Diskussion und erörtert den ideologischen und praktischen Weg, den der heutige Mensch gehen kann, um sich in Zukunft auf eine biologische Weise zu organisieren.

Das Buch „German Angst"

Das Buch „German Angst - Ihre geschichtlichen Wurzeln und ihre ideologische Aufarbeitung" ist das erste Kind der Buch-Trilogie und beleuchtet ein besonderes Symptom der traditionellen Standeskultur: Die Entstehung einer übernatürlichen Angst, die nicht nur die menschliche Seele, sondern auch den menschlichen Verstand lähmt. Davon waren und sind die deutschen Völker in einer besonderen Weise betroffen.

Die deutsche Geschichte ist durch 3 traumatische Dreißigjährige Kriege geprägt, die das Verhalten der Deutschen noch heute in einer erheblichen Weise prägen. Vor allem in kulturellen Krisenzeiten kommt dadurch in vielen Deutschen eine besondere „German Angst" zum Vorschein, die dazu tendiert, sowohl die Gemütsverfassung als auch das Denken in einer schwerwiegenden Weise zu beeinträchtigen.

Die German Angst hat sich bis heute durch die deutsche Erziehung generativ übertragen, so dass es für alle

Betroffenen wichtig geworden ist, die Entstehungsgeschichte der German Angst auf eine gezielte Weise aufzuarbeiten. Das Buch bietet eine fundierte Unterstützung für diesen Prozess, so dass die German Angst durch ein neues, bewusstes Denken, Fühlen und Handeln erheblich reduziert bzw. aufgelöst werden kann.

Das Buch
Gott ist nicht tot! Gott ist ein Narzisst!

Das Buch: „Gott ist nicht tot! Gott ist ein Narzisst – Oder – Die notwendig gewordene ideologische Reinigung des Menschen" ermöglicht dem Leser eine intensive Auseinandersetzung mit den eigenen Überlebensstrategien innerhalb der modernen Standeskultur.

Seit 5000 Jahren kultiviert die hierarchische Standeskultur eine unnatürliche absolutistische Herrschaft über alle greifbaren Lebewesen der Erde, den Menschen eingeschlossen. Um diese für die meisten Menschen demütigende Kulturkonstitution aufrecht zu erhalten, sorgen die Herren der Standeskultur bis heute für ständige gesellschaftliche Konflikte und für eine übernatürliche Ängstlichkeit des Kulturmenschen.

Es liegt daher nicht an einer bösen Natur des Menschen, dass die kulturellen Zustände seit 5000 Jahren in regelmäßigen Abständen dazu tendieren, biologisch unzurechnungsfähig und sozial untragbar zu werden. Vielmehr führt die „liberal-parasitäre" und sado-masochistische Herrschaftsagenda der Standeskultur zu einem ständigen Standeskrieg und Geschlechterkrieg, die im Kulturmenschen zahlreiche widernatürliche und krankhafte Verhaltensweisen hervorrufen.

Viele der störenden Verhaltensweisen, die durch die heutige Kultur hervorgerufen werden, lösen sich durch ein biologisches Grundverständnis der menschlichen Natur wie von selbst auf. Vor allem ein einfaches empathisches Verständnis für die menschliche Psychologie kann Wunder wirken, wenn es darum geht, das eigene Leben von destruktiven Gewohnheiten zu befreien.